JN419179

안녕한 만남

이유신 에세이

안녕한 만남

초판 1쇄 인쇄	2025년 10월 20일
초판 1쇄 발행	2025년 10월 28일

지은이	이유신
펴낸이	이장우
책임편집	송세아
편집	심지연
디자인	theambitious factory
제작	안소라 김소은
관리	김한다 한주연
인쇄	KUMBI PNP
펴낸곳	도서출판 꿈공장플러스
출판등록	제 406-2017-000160호
주소	서울시 성북구 보국문로 16가길 43-20 꿈공장 1층
이메일	ceo@dreambooks.kr
홈페이지	www.dreambooks.kr
인스타그램	@dreambooks.ceo
전화번호	02-6012-2734
팩스	031-624-4527

이 도서의 판권은 저자와 꿈공장플러스에 있습니다.
이 책은 저작권법에 의해 보호받는 저작물이므로 무단전재와 무단복제를 금합니다.

이 책은 한국장애인문화예술원의 후원을 받아 2025년 장애예술 활성화 지원사업의 일환으로 발간되었습니다.

ISBN	979-11-993697-5-7
정가	16,800원

우리는 왜
엇갈리는 걸까

나는
사랑이 제일 어려웠다

사랑이 스쳐간 자리에
남은 것

결국엔
사람이었다

삶이
나에게 주는 선물

마음이 서툰 나를
조용히 안아준 것은 바로 '책'이었다

'나는 책을 누구보다 좋아했다.'

이 문장으로 글을 시작하고 싶지만, 사실은 그 반대였다. 어린 시절에 빽빽한 글자를 보면 머리부터 아픈 나였다. 학창 시절 책 한 페이지를 읽는 일은 내게 아주 큰 과제였다.

22년 전 교통사고로 전신마비가 되며 달리 할 수 있는 게 없었다. 몸이 불편한 이후 세상으로 나갈 기회는 줄었고, 사람들을 만나는 일도 점점 줄어들었다. 그래도 나는 인간관계를 잘 유지하고 싶었다. 마치 혼자만 다른 세상에 남겨진 것 같아 두려워 많은 사람들과 어울리고 싶었다. 관계를 잘 만드는 일은 생각보다 단순하지 않았다. 상대를 알고 싶은 바람이 너무 커서도 안 되고, 오로지 내 마음만 드러내도 안 되었다. 잘하고 싶은 바람은 언제나 뜻대로 되지 않았다.

마음이 서툰 나에게 독서는 물 흐르듯 흘러들어왔다. 독서에 대한 마음의 문은 예상치 못한 데서 열렸다. 바로, 인간관계에 대한 고민의 해답을 책에서 찾고 싶어진 것이다. 그렇게 시작한 독서는 내 삶을 이전과는 전혀 다른 방향으로 이끌었다. 사람과의 갈등을 넘어서면 그 관계가 더 단단해지는 것처럼, 책 한 권을 다 읽고 나면 글과 나는 더 끈끈한 사이가 되었다. 책 속에 깊게 몰입하다 보니 나는 주인공을 통해 또 다른 삶을 산다고 생각했다. 잠시나마 주인공이 되어 그 상황과 마음을 느꼈다. 다양한 책을 통해 인간관계를 배우게 되었다.

모든 관계가 따뜻하고 아름다울 수 없다는 것도 책을 통해 배웠다. 어떤 인연은 오래 머물렀고, 어떤 인연은 스쳐 지나갔다. 상처를 받을 때도 있었고, 나도 모르는 사이 다른 사람에게 상처를 줄 때도 있었다.

내가 만난 책 속의 인물들은 나 대신 웃거나 울고, 사랑하고 헤어지며 성장했다. 책 속에서 나는 또 하나의 나의 이야기를 만들었다.

이 책은 자기 계발서도, 서평이나 감상문도 아니다. 단지, 책과 내가 살아가는 이야기다. 사랑이어도 혹은 사랑이 아니어도 괜찮은 이야기다.

내가 책을 읽으며 풀어낸 관계에 대한 해석이 다 훌륭하거나 맞는 것도 아니다. 사람마다 독서의 길이 다르고, 책을 받아들이는 방식도 다르다. 그래서 이 책의 독자 역시 나와 다른 자신만의 이야기를 만들어 가면 좋겠다.

마음이 지친 어느 날, 책 속 한 문장에 눈길이 오래 머문다면 이 책은 그 몫을 다한 것일 테다.

내 상처는

언제쯤 아물까

누군가의 좋은 소식이
반갑지 않은 이유

클레어 키건 『맡겨진 소녀』

한때 나의 일과는 일어나자마자 뉴스를 보는 거였다. 뉴스를 통해 보는 세상에서는 매일 크고 작은 사건이나 사고가 일어났다. 좋은 소식보다는 나쁜 소식이 대부분이었다. 그땐 매일 뉴스를 보는 것이 그저 세상일이 궁금해서라고 여겼지만, 아니었다. 내 안 깊은 곳에 있는 질투심을 마주하지 않으려는 무의식적인 도피였다.

뉴스에서 참혹한 소식을 접하면 나의 초라한 모습이 잠시 잊혔다. 나만 힘든 게 아니라는 안도감이 들었다. 그러나 TV

를 끄면 곧바로 현실로 돌아왔다.

나는 교통사고 이후로 앞으로 나아가지 못하는데, 친구들은 저마다 멀리 나아가 있었다. 휠체어에 앉아서는 아무것도 할 수 없어 보였다. 아주 사소한 것에서 큰 것까지 다 부러웠다. 주위 사람들이 해외여행을 가거나 좋은 직장에 들어가면 나도 모르게 마음이 굳었다. 좋은 일이라 여기고 마음을 다해 축하하고 싶은데 잘 되지 않았다.

무겁게 가라앉은 마음을 평정심으로 이끈 건 뉴스였다. 모르는 누군가의 나쁜 소식을 들으면 왠지 모를 안도감이 들곤 했다. 처음엔 그토록 나쁜 마음을 먹었다는 사실을 인정하기 힘들었다. 그렇지 않아도 내 마음이 힘든데 누군가를 질투하고 미워하지 않기를 바랐다. 건강한 사람이 되고 싶었고, 하고 싶은 일을 마음껏 하며 살고 싶었다. 친구들과 비슷한 삶을 살다가 완전히 다른 삶이 되었는데 비교되는 건 어쩌면 당연했다.

책 『맡겨진 소녀』는 가족에게서 먼 친척 부부에게 맡겨진 소녀의 시선으로 그려진 소설이다. 소녀는 어려서부터 부모

의 사랑을 받지 못했다. 소녀에게 동생이 태어날 무렵, 소녀
는 친척 부부의 집으로 보내져 여름 동안 지내게 되었다. 아
버지의 무관심은 소녀의 마음에 깊은 상처를 남겼고, 소녀
는 그런 아버지를 기억조차 하기 싫어했다. 친척 부부 집에
서 소녀가 물을 마시며 했던 생각만으로도 상처의 깊이를
알 수 있다.

> 물은 정말 시원하고 깨끗하다. 아빠가 떠난 맛, 아빠가 온
> 적도 없는 맛, 아빠가 가고 아무것도 남지 않은 맛이다.

클레어 키건 『맡겨진 소녀』 p.30

나도 아무것도 남지 않은 맛이 어떤지 안다. 모든 것을 내
려놓는 듯한 공허한 맛을 안다. 세상에서 좋은 것을 기대한
적 없는 맛, 더 이상 기대할 수 없는 맛이다.
소녀에게 치유란 자신에게 상처 주는 사람을 마음에서 떠
나보내는 것을 의미하는 걸까. 결국 소녀는 더 이상 아빠를
미워하지 않고 마음에서 떠나보냈다. 자신에게 상처를 준 아

빠를 기억에서 지우는 게 자신만의 치유 방식이었다. 하지만 소녀는 아빠를 마음에서 완전히 놓지 못했다. 친척 부부 집에 머무는 시간이 좋다가도 아빠가 다시 자신을 데려가길 원했다. 소녀에게 아빠는 두려운 존재였지만 언젠가는 돌아가야 할 보호자였다. 소녀는 그 사실을 인정할 수밖에 없었다.

예전에 나는 내 감정을 누군가에게 이야기하는 게 서툴고 두려웠다. 그런데 서툰 감정을 조금씩 털어놓다 보니 내 마음이 상대에게 잘 전달되는 느낌이 들었다. 상대도 나를 전보다 더 잘 이해해주는 것 같았다. 신기하면서도 좋았다. 그러면서도 때때로 나에 대해 어디까지 말해야 하는지, 그 균형을 맞추는 게 어렵다고 생각했다.

그러던 어느 날, 친구에게 나의 깊은 이야기를 쏟아냈는데 이상하게 속이 후련하면서도 어딘가 찝찝했다. 시간이 흐르면서 친구와 자연스럽게 멀어졌는데, 그 친구만 아는 내 비밀스러운 이야기가 다른 사람들 사이에 돌지 않을지 두려운 마음이 일었다. 그 친구가 말했는지 알 순 없지만, 어느 순간부터 내 이야기가 사람들 사이에 돌기 시작했다. 마음이 다친 탓일까. 그 일 이후 나는 또다시 누구에게도 내 마음속 깊은 이야기를 털어놓지 않았다. 처음엔 이야기를 누구에게도 하지 않으니 소문날 일도 없을 거란 생각에 편했지만, 시간이 갈수록 마음이 답답했다.

소녀의 친척 부부도 사람들의 말로 인해 상처를 입었다. 그들에겐 자식을 잃은 큰 아픔이 있었다. 부부를 더 고통스럽게 만든 건 사람들의 말이었다. 자식을 잃고 살아야 하는 두려움보다 남들의 참견이 부부를 더 괴롭게 했다. 그 대목을 읽으며 때로는 서로가 하고 싶은 말을 하지 않고 조용히 품는 게 나을 때가 있다는 사실을 깨달았다. 특히 나의 경우 사소한 말에도 지나친 의미를 부여해서 상처받은 적이 있기에 더욱 타인의 아픔 앞에 말을 아끼게 된다.

삶에 변화가 찾아왔을 때 제일 먼저 느낀 감정은 두려움이었다. 처음 휠체어를 탔을 때 현실을 외면하고 싶었다. 사람들의 가벼운 말이 아프게 다가오기도 했다. 나의 아픔이 사람들에게는 하나의 이야깃거리라는 사실이 믿기 싫었다.

내 질투심의 원인은 사람들의 말이었다. 내게 괜찮냐고, 어떻게 지내냐는 안부를 듣는 것조차 힘들 때가 있었다. 내 소식이 다른 사람의 가벼운 말로 여기저기 떠도는 게 상처가 되었다. 마치 동정받는 기분이었다. 게다가 다른 사람들의 좋은 소식이 들려오면 내가 더 못나 보였다. 누르면 누를수록 질투, 시기, 미움 같은 감정들이 뒤섞여 올라왔다.

힘든 상황에서 고통스러운 게 당연했지만, 당시엔 느껴지는 감정을 무시했다. 나도 친구들과 비슷한 삶을 살고 싶었다. 좋은 소식이 들리면 잘되었다고 하면서도 한편으로는 부러웠다. 내가 잘못 사는 것처럼 느껴졌다. 지금 이대로 살면 안 된다고 여겼다.

책 『맡겨진 소녀』는 아일랜드에서 『말없는 소녀』라는 영화로 재구성해 개봉되었다. 책을 읽으니 바뀐 제목이 이해되었다. 소녀는 가족이나 누군가에게 자신의 마음을 말할 수 없었다. 소녀의 곁에는 마음을 나눌 사람이 없었다. 부모에게 사랑받지 못해 표현하는 법을 몰랐고 억누르며 살았다. 그러나 친척 부부는 달랐다. 소녀의 작은 행동이나 사소한 감정에 관심을 기울였다.

소녀는 관심받는 게 좋았지만, 한편으론 낯설었다. 자신이 사랑받을 자격이 있는지 의심하며 불안해하기도 했다. 그러나 친척 부부가 무심했던 아빠와 다름을 조금씩 알게 되면서 소녀는 따뜻함과 이해심을 배웠다.

어느 밤, 소녀는 친척 부부 아저씨와 함께 바닷가를 걷고 있었다. 아저씨가 소녀의 손을 잡는 순간, 소녀는 아버지가 단 한 번도 손을 잡아준 적이 없다는 사실을 깨달았다. 처음에는 낯설어 아저씨가 손을 놓아주길 바랐지만, 걸음을 이어가며 마음이 차분히 가라앉았다. 소녀는 새로운 감정을 느꼈다. 바로 외로움이 사랑으로 바뀌는 따뜻한 경험을 하게 된 것이다.

환경이 바뀌면 마음도 쉽게 흔들린다. 소녀는 다시 집으로 돌아갔지만, 오히려 낯설게만 느껴졌다. 소녀는 자신의 가족에게서 느껴지는 외로움과 친척 부부를 통해 느낀 따뜻한 감정의 차이를 마음에서 내려놓았다. 소녀는 사람들 사이에는 아주 커다란 차이가 있다고 결론을 내렸다.

나는 집에서의 내 삶과 여기에서의 내 삶의 차이를 가만히 내버려 둔다. 아저씨는 내가 발을 맞춰 걸을 수 있도록 보폭을 줄인다.

클레어 키건 『맡겨진 소녀』 p.70

내가 진정 원하는 건 비교하지 않는 삶일까? 아니다. 나는 다른 사람이 될 수 없다. 질투가 느껴지면 느껴지는 대로, 슬프면 슬픈 대로 받아들이면 된다. 상처가 더 이상 나를 괴롭히지 않도록 느껴지는 감정을 솔직하게 표현하면 된다. 누군가와 비교될 때 '나는 왜 이럴까?'가 아닌, '내가 저 사람처럼 잘되고 싶구나.'라고 생각하기로 했다. 시기하는 모습도, 응원하는 모습도 나다.

살다 보면 이해할 수 없는 일들을 종종 마주하곤 한다. 그 중에서는 오랜 시간 감내해야 하는 시련도 있다. 내 삶에 최악의 사건이 일어났을 때 처음에는 좌절했고 절망했다. 하지만 극복하지 않아도 괜찮은 일이었다. 삶에 별 욕심이 없다가 또 어느 순간 어떤 모습으로 간절해지면 어떤가. 아파도 아닌 척하지 않고 내 모습을 인정하며 살아가고 싶다.

누군가의 좋은 소식이 반갑지 않았던 이유는 내가 괜찮지 않았기 때문이다. 누군가의 나쁜 소식에 마음이 간다면 내가 그만큼 힘들다는 의미다. 반대로 좋은 소식에 마음이 간다면 타인의 기쁜 소식에 공감할 여유가 있다는 것이다. 마음이 가는 데에 그럴만한 이유가 있지 않을까.

상처뿐인 마음도 이어질까

문경민 『훌훌』

최근 나는 친구로부터 다소 놀라운 이야기를 들었다. 부부 사이의 경제권 조율에 관한 이야기였는데, 친구는 남편과 서로 번 돈을 나누지 않고 각자 쓰며 산다고 했다. 그게 서로를 존중하는 방식이라고 했다. 내가 의아한 표정을 짓자 친구는 더 심한 경우엔 각자 부모님 댁에 다녀오고 서로에게 뭔가를 요구하지 않는 부부도 있다고 했다.

물론 부부마다 지켜야 할 경계는 분명 다를 것이다. 하지만 하나둘 선을 정하다 보면 어디서부터 어디까지가 서로를 위한 배려이고, 어디서부터는 지나침이 되는지 그 구분이 흐려질 때도 있다.

감정의 선도 마찬가지다. 서로가 어디까지 공감해야 하는지, 또 어떤 감정은 얼마나 숨겨도 괜찮은지 애매하다. 그러면 상대는 어디까지 모른척해야 하는 건지, 생각하면 할수록 모호하기만 하다. 상대방의 감정을 무조건 따르면 내 마음이 지칠 테고, 그렇다고 너무 거리를 두면 냉정하게 보일지 모른다.

결혼한 친구들 대부분이 '포기'라는 단어를 입에 올린다. 그 단어 안에는 서로 다름을 인정한다는 의미가 포함되어 있겠지만, 한편으론 무관심으로 이어질 수도 있겠다는 생각도 든다. 더구나 그 상태가 오랫동안 지속되어 마음까지 닫아버리면 관계는 금세 삭막해진다.

그렇다면 부부 사이의 적정한 온도는 어떻게 맞출 수 있는 것일까? 내 생각엔 따뜻한 말 한마디, 배려하는 행동이 중요한 것 같다. 그것만으로도 상대를 존중하는 마음이 충분히 전달될 수 있다고 여긴다. 각자가 번 돈으로 생활하는 부부라 해도 다른 부분에서 노력하면 관계의 온도를 유지할 수 있다. 단순히 선을 정하기보다 서로 상처받지 않는 말과 행동으로 관계를 유지하는 것이 중요하지 않을까.

소설『홀홀』은 피 한 방울 섞이지 않은 가족 안에서 감정이 어떻게 이어지는지를 보여준다. 주인공 유리는 입양아다. 유리를 입양한 엄마는 재혼해 떠났고, 유리는 할아버지와 살아간다. 그러다 엄마가 갑자기 세상을 떠나며 유리는 남겨진 이복 동생 연우를 가족으로 맞이한다.

고등학생인 유리는 할아버지와 거의 대화 없이 지냈지만 큰 불편함은 없었다. 유리는 대학에 가면 할아버지 곁을 홀홀 떠날 계획이었다. 그렇게 자유롭게 살 미래를 그렸는데 갑자기 동생이 나타났고, 계획과는 다르게 삶이 틀어졌다.

유리가 할아버지와 단둘이 지내는 것이 편했던 이유 중 하나는 평소 할아버지가 자신에게 관심을 주지 않았기 때문이다. 유리는 1층, 할아버지는 2층에 살면서 서로의 생활을 일절 간섭하지 않았다. 아파도 각자 공간에서 아플 정도였다. 유리는 이 생활에 만족했다. 오히려 잔소리를 듣지 않아 홀

가분하다고 생각했다. 하지만 돌보던 연우가 갑자기 사라졌을 때, 유리는 홀로 감당하기 힘들었다. 어렵게 연우를 찾고 나서 처음으로 뼈아픈 외로움을 느꼈다. 그동안 모르고 지냈던 감정과 마주하게 된 것이다.

유리는 사랑받고 싶은 소녀였다. 아마 어릴 때부터 자신의 감정을 꾹꾹 누르며 자라왔을 것이다. 마음을 솔직하게 드러냈다가 상처받을까 두려워 애써 외면했을 것이다. 할아버지와 유리가 서로에게 관심을 쏟는 순간, 유리는 '상처'를 떠올렸다. 혹시 할아버지로부터 상처받지는 않을지 두려웠다. 그런 마음이었기에 유리는 동생을 돌보면서도 불평하지 않았다. 이 모든 행동은 할아버지에게 버림받지 않기 위함이었다.

그동안 유리는 자신의 감정을 등한시했다. 마땅히 느껴지는 외로움, 슬픔 같은 감정을 헤아릴 여유가 없었다. 때로는 자신의 감정이 삶에 방해되는 짐이라 여겼다. 그러다 중요한 순간에 무너졌다. 동생을 통해 눌러 온 마음이 표출된 것이다.

때로는 삶이 너무 힘들어서 내가 느끼는 감정을 모르고 지나칠 때가 있다. 어떤 느낌인지 모르고 있다가 낯선 환경에서 우연히 마주치게 되기도 한다. 대체로 큰 사건이나 문제가 터지면 하찮은 줄 알았던 감정이 폭발한다.

나는 사람들을 만나면 괜찮은 척 웃으면서도 속으로는 눈물을 흘릴 때가 종종 있었다. 누군가에게 '힘들다'라는 말을 꺼내는 게 두려워서 내 감정을 눌러 담곤 했다. 어떤 날, 친구가 눈치채고 "너 많이 힘들지?"라고 물었을 때, 참아왔던 감정이 터져 나왔다.

그동안 내 마음을 무시한 결과였다. 좋지 않은 쪽으로 생각하는 내가 싫었고, 스쳐 지나가는 감정이라며 애써 눌러버렸다. 그러다 누군가가 마음을 툭 건드리니 그동안 묻어둔 신호들이 한꺼번에 터져 나왔다. 사소한 감정이라 여겼던 것들이 사실은 나에게 주는 신호였음을 뒤늦게 알았다.

유리는 연우가 살아온 삶을 알게 되면서 연우의 돌발적인 행동과 말을 이해하게 되었다. 얼핏 상대의 과거를 안다고 해서 현재의 감정까지 짐작하기는 어렵다. 하지만 유리는 이미 연우와 비슷한 상처가 있었다. 둘은 엄마의 사랑을 채 느끼지 못하며 살았다. 연우의 상처를 들여다본 순간, 유리는 자기 자신을 보았다. 마음을 구걸하고 싶지 않아 혼자를 택했지만 내면 깊은 곳엔 자신도 사랑받고 싶었다.

할아버지는 오랜 시간 복막암으로 투병했지만, 그동안 유리에게 그 사실을 숨겼다. 그러던 중 할아버지가 유리에게 암을 앓고 있음을 털어놓으면서 둘은 서로를 향한 사랑을 확인한다. 그 후론 많은 변화가 생겼다. 따로 먹던 밥을 같이 먹으며, 가족 간에 관심을 가지고 대화하는 게 얼마나 따뜻한 일인지 점점 알게 되었다.

또한 유리는 연우를 통해 자신의 외로움을 인정하게 되었다. 연우를 돌보며 자신의 어린 시절을 떠올렸고, 할아버지를 염려하며 외면해온 감정을 들여다보게 되었다.

요즘엔 사람들이 타인과 마음을 터놓고 이야기하는 것을 어려워한다. 가족 간에도 이미 많은 걸 안다고 착각하기에 서로 궁금해하지 않는다. 말하지 않고 알아주길 바란다. 감정을 표현하는 일을 배부른 소리라 여기기도 한다. 현실을 사는 게 급급하다고 스스로를 채찍질하면서 말이다. 팍팍한 마음 안에 누군가의 고민을 받아들일 여유가 없다. 게다가 이미 만들어진 생각의 틀을 부수고 나오기도 쉽지 않다.

　가까울수록 대화가 힘든 이유는 자기 상처가 누구보다 크다고 생각하기 때문일 것이다. 때때로 사람들은 남 이야기가 들리지 않고 나만 억울하고 손해 보며 산다고 여긴다. 자신만의 생각을 확신하며 벗어나지 않으려 한다.

　생각만큼 넘어서기 힘든 건 자신을 알아가려는 용기다. 나의 내면을 알아가는 일은 관계의 진심에 다가가는 과정이다. 감정은 사람마다 모양이 다르다. 좋지 않은 환경에서도 감정을 충분히 느끼고 표현하는 사람이 있고, 좋은 환경에서도 그 감정을 표현하지 못하고 억누르며 힘겨워하는 사람이 있다. 어려움을 잘 이겨내느냐, 그렇지 않으냐의 문제가 아니다. 그보다 스스로의 삶을 어떻게 바라보는지가 중요하다.

　과거의 나를 바라보는 눈 또한 중요하다. 그러려면 불편한 마음을 지우지 않고 마주 봐야 한다. 느껴지는 여러 감정을 애써 외면하며 최선을 다해 견뎌왔던 어린 시절의 나를 다시 돌아봐 줘야 한다. 기억을 더듬어보면, 그때의 나는 아마 감정을 삼키며 버텼을 것이다.

나를 돌보는 일은 내가 어디에서 왔는지를 이해하는 일이기도 하다. 내가 어떤 상황에서, 어떤 마음으로 살아왔는지를 들여다보면 지금의 나를 함부로 판단할 수 없을 것이다. 모든 선택과 감정에는 이유가 있었고, 그 시간이 지금의 나를 만들었다는 것을 기억해야 한다.

유리가 바라던 것은 사랑받는 일, 사랑하는 일이었다. 사랑은 서로 말없이 곁에 있어 주는 순간들에서 시작된다. 우린 누군가와의 연결 속에서 덜 아플 수 있다. 그리고 상대에게 고마움을 표현하고 다정함을 나누는 순간, 사랑이 더 단단해진다. 표현을 잘할 수 있으려면 우선 내 상처를 돌봐야 한다. 내 상처가 온전히 아물 때 타인을 온전히 사랑할 수 있으므로. 그동안의 아픔과 지금 느끼는 상처를 솔직히 말할 수 있는 용기, 그 한 걸음에서 사랑은 시작된다.

상실의 도피처

헬렌 맥도널드 『메이블 이야기』

친구가 사랑에 빠진 적이 있었다. 남자는 "너를 보면 돌아가신 우리 엄마가 떠오른다."라며 친구의 마음을 사로잡았다. 처음에 친구는 이성적 호감보단 남자가 외로워 보여 그의 이야기를 들어주었다고 했다. 그러나 어느 순간부터 친구는 남자가 연락해 오면 늦은 밤이라도 달려나갔고, 그의 뒤치다꺼리를 다 해주고 있었다. 둘은 연인관계가 되었지만, 친구는 연인이라기보단 그의 보호자처럼 행동하고 있었다. 이별 후 남자가 "네가 없으면 나는 엄마를 두 번 잃는 거야."

라고 말하자, 친구는 또다시 흔들렸다. 그렇게 꽤 오랜 시간 친구는 이별과 만남을 반복하다가 결국 헤어지게 되었다.

친구는 아픈 사랑을 했지만 동시에 깨달았다고 한다. 사람의 결핍을 채워주는 것이 사랑이 될 수 없다는 것을. 친구는 더 이상 불완전해 보이는 사람을 구하려 애쓰지 않을 거고, 자기 자신을 지키면서 사랑할 거라 했다. 누군가의 대신이 되는 건 사랑이 아니라는 사실을 뼈저리게 느꼈다.

한 사람은 다른 사람으로 대체될 수 있을까? 그럴 수 없을 것이다. 어느 정도 그 사람의 빈자리를 채워줄 수는 있어도 누군가의 대신이 될 수는 없다. 더구나 사랑하는 사람이 원하는 것을 무작정 해준다고 상대가 온전해지지 않는다. 누군가의 이기심을 동정할 필요도 없다. 안쓰러움으로 감싼 사랑은 금방 식는다.

사랑은 희한하게 아프고 나서 후회한다. 같은 실수를 다시는 안 하리라 다짐하지만, 어느새 비슷한 경험을 반복한다. 그러다 보면 한동안은 사랑하기가 두려워진다.

나는 헤어짐이 두렵다. 가족과 친구들, 나와 이어진 모든 관계에서 맞이하는 이별이 두렵다. 누군가와 인연을 맺으면 상대방이 나와 거리를 둘까 무서워 내가 먼저 거리를 뒀다. 누군가와 가까워지는 데에 한참이 걸렸다. 친밀한 관계가 되면 친구든 연인이든 내가 상대에게 얼마나 중요한 존재인지 자주 확인하려 했다. 그러면서도 누군가와 끈끈한 관계를 맺지 못하는 자신이 두려웠다. 나는 늘 관계 속에서 모순된 마음을 안고 살아갔다. 두려움과 갈망이 뒤섞여 상처를 피하려고 물러서면서도, 또 한편으로는 마음 깊이 연결되길 바랐다. 가까워지면 상처가 두렵고, 멀어지면 이별이 두려웠다. 그러나 시간이 지나면서 알게 되었다. 결국 사람과의 관계는 아픔을 피하는 것이 아니라, 그 속에서도 머물 수 있는 용기를 갖는 것이라는 사실을.

상실은 또 다른 모험이라는 걸 알려주는 책이 있다. 『메이블 이야기』는 저자 헬렌이 매를 훈련시키는 과정의 생생한 기록이다. 어려서부터 새에 관심이 많았던 헬렌은 아버지를 잃고 나서 참매, '메이블'을 키우며 상실을 달랜다. 참매는 아주 예민하고 야생성이 강해 길들이기 어려운 동물이다. 책을 읽기 시작한 초반에는 갑자기 새를 기르는 저자의 선택을 이해하기 어려웠다. 메이블이 헬렌에게 어떤 위로가 될지 감이 오지 않았다. 특히 메이블이 숲속에서 제멋대로 날아다니며 먹이를 찾고 있었는데, 그 모습을 살뜰히 지켜보던 헬렌을 외면하는 장면에선 메이블이 얄밉게 보이기도 했다.

살생을 좋아하고 까다로운 매의 특성을 몰랐던 나와는 달리 헬렌은 이미 알고 있었다. 스스로 힘들 것을 알면서도 어려운 선택을 한 것이다. 길들이기에 실패하면 언제든 제 갈 길로 날아갈 매를 훈련한다는 것은 또 다른 모험이자 상실이었다. 시간이 갈수록 헬렌은 깨달았다. 자신이 매와 다른 삶을 살아야 편해진다는 것을.

사람과의 관계에서 상처는 상대가 나와 같은 생각을 하고, 같은 곳을 바라보길 원하는 마음에서 비롯된다. 얼핏 보면 우리는 비슷해 보이지만 다르다. 처음엔 비슷한 점만 보여 가까워지다가도 점점 다른 점을 보게 된다. 기대할수록 실망이 커지고 그로 인해 아픔은 깊어진다. 너와 나는 하나가 될 수 없음을 아는 순간, 서로 할퀴고 상처를 낸다. 안타깝게도 아무것도 없던 상태로 되돌리기엔 이미 아픔은 눈덩이처럼 불어나 있다. 그게 바로 상실로 향하는 길이다. 서로의 기대가 엇갈리며 마음의 균형이 무너질 때, 우리는 자연스레 무언가를 잃는다.

헬렌이 메이블을 보며 아버지의 상실을 떠올리게 된 사건이 있었다. 들판에서 메이블이 꿩을 향해 돌진해 잔인하게 죽이고 먹는 것을 보며 헬렌은 놀랐다. 먹이를 향한 매의 광적인 눈을 보고 놀라움과 동시에 마음이 아팠다. 자신의 마음을 깊이 들여다보니, 그 고통의 뿌리가 아버지와의 이별과 닿아 있음을 깨달았기 때문이다. 헬렌은 뒤늦게 매는 야생의 영역에서, 사람은 자신들의 세상에서 살아야 한다는 걸 알았다. 매와 자신은 분리되어야 하고, 자신과 아버지 또한 각자의 길을 가야 한다는 사실을 받아들였다. 헬렌은 비로소 상실이란 부정한다고 해서 사라지는 게 아니라는 걸 배웠다.

몸의 상처와 마음의 상처는 닮아있다. 몸에 상처가 생기면 나을 때까지 시간이 필요하다. 아무리 좋은 약도 빨리 낫게 하지 못한다. 다친 부위에 맞는 약을 바르고 조심하고 기다려야 한다. 마음의 상처도 서둘러 없앨 수 있는 게 아니

다. 충분히 아파하고, 조심스럽게 견뎌야만 비로소 아물게
된다.

　사랑했던 사람의 상실은 다른 무언가로 채울 수 없다. 상대
를 잠시 잊을 순 있겠지만 결국 피했던 감정은 언젠가 다시
마주하게 된다. 사람들은 종종 도피처를 만들어 상실감을 잊
으려고 노력한다. 그러나 헬렌이 메이블을 키우며 알게 되듯
우리 또한 상실의 순간을 바로 마주해야 한다. 아파도 피하
지 않아야 한다. 나중으로 미루지 않고 바로 맞닥뜨리는 연
습을 차근차근해야 한다. 그래야 마음 한편에 있다가 불쑥
이미 떠난 사람이 떠올라도 덜 아플 수 있다.

　사람과의 관계에서 필요한 건 용기다. 만남에도 이별에도
용기가 필요하다. 물론 어떤 이유로든 누군가를 잃는 경험은
말로 표현하지 못할 정도로 아프다. 고통스러운 시간이 길게
만 느껴질 수도 있다. 그러나 알아야 한다. 고통을 피할수록
아픈 시간은 더 길어진다는 것을.

　헤어짐이 두렵다는 이유로 새로운 사랑에 망설이는 사람

이 있다면 말해주고 싶다. 상처를 두려워해 사랑을 멀리하면 고통은 잠들지 못한 채 마음속에서 계속 살아남는다고. 용기를 내어 새로운 관계를 시작할 때, 오래된 상실도 서서히 다른 빛을 띠게 된다. 사랑했던 사람을 잘 보내야 비로소 나의 마음도 자유로워진다. 헤어짐을 인정하는 일은 오히려 소중했던 시간을 마음속에 고이 간직하면서, 삶을 잘 살아나가겠다는 다짐이다.

누구나 이별을 경험한다. 누구나 이별을 겪으면 아프고 힘들다. 슬픔과 상실이 없는 세상은 존재하지 않는다. 아픔은 억지로 참을 수도, 쉽게 잊을 수도 없다. 사랑은 다른 사랑으로 완벽히 지울 수도 없다. 그러니 이별 앞에 제대로 슬퍼하고 상대를 떠나보내 줄 충분한 시간이 필요하다. 그래야 우린 또 다른 세상으로 거침없이 나아갈 수 있다.

너와 내가 애쓰는 삶

이희영 『페인트』

처음부터 준비된 채로 어른이 되는 사람은 없다. 나 또한 그저 시간이 흐르니 나이에 맞게 전보다 성숙한 행동을 하며 어른스럽게 보이려 노력하는 중이다. 어렸을 땐 어른이 되면 자연스레 취업하고 돈 모아서 집을 사는 줄 알았다. 그런데 살아보니 모두 어마어마한 노력이 필요했다.

나는 작가가 된 지 얼마 되지 않았고 아직 제대로 돈을 벌어보지 못했다. 마음은 서울에 살고 싶지만, 현실은 산으로 둘러싸인 이름만 도시인 경기도 끝자락에 산다. 삶에 아쉬운 부분이 있지만 부족하다고 생각하면 끝이 없기에 나름대로 만족하며 살고 있다.

재밌게 본 예능 프로그램의 한 장면이 있다. 촬영이 끝난 기념으로 출연진들이 핸드폰으로 단체 셀카를 찍으려던 순간이었다. 그때 뒤에 있던 핸드폰 주인이 맨 앞으로 핸드폰을 전달하다가 놓쳐 그만 바닥에 떨어지고 말았다. 액정이 박살 나자 다들 서로의 잘못을 따지기 시작했다. 처음엔 핸드폰을 놓친 사람의 잘못으로 몰아가다가 어느새 핸드폰 주인에게 책임을 묻기 시작했다. 핸드폰 주인은 어이없어하며 "그러면 내가 태어난 게 잘못이다."라고 했고, 다들 당황하며 부정했다. 그는 더 나아가 책임을 거슬러 올라가면 결국 "우리 아빠가 잘못했어."라며 자책했다.

나는 그 영상을 볼 때마다 센스 있고 웃긴 영상이라고 생각했다. 그러나 한편으로 현실의 축소판은 아닐까, 하는 생각이 들기도 했다. 예능에서는 뜬금없이 핸드폰 주인의 아버지 잘못으로 돌리며 웃음으로 마무리되었지만, 현실은 그렇게 단순하지 않다. 잘못과 책임이 뒤얽혀 누구도 쉽게 웃어넘길 수 없는 복잡한 상황이 펼쳐지기 때문이다.

우리는 종종 사소한 불행의 원인을 부모에게 돌리곤 한다. 물론 부모와 자라온 환경은 중요하다. 그러나 상황마다 '내가 못사는 건, 내가 이렇게 분노가 많은 건 부모 탓이야.'라며 이유를 돌려서는 안 된다. 영향이 없지는 않지만 그렇게 치면 유산을 많이 물려주지 않은 조상 탓이다. 그 논리라면 거슬러 올라가 오스트랄로피테쿠스가 잘못한 게 된다.

책 『페인트』는 버림받은 아이를 정부가 책임지다가, 아이가 열세 살이 되면 부모 면접을 통해 가정을 선택하는 내용이다. '만약에 부모를 직접 고를 수 있다면 나는 어떤 선택을 했을까?' 책이 던지는 질문이다. 만약 내가 아이라면 당연히 인성 좋고 돈 많은 부모를 택할 것이다. 하지만 그건 단순히 몇 번의 면접을 통해 알 수 있는 게 아니다.

누구나 이상적인 가정을 갖고 싶어 하지만, 좋은 가족의 모습은 일방적인 관계가 아니다. 가족이란 서로가 서로에게 책임을 느끼고, 마음을 나누려는 의지가 필요한 관계다. 그리고 모든 것을 배우는 첫 공간이기도 하다. 내가 바라는 이상적인 가정은 아무 문제가 일어나지 않는 곳이 아니다. 갈등이 생기면 함께 해결하도록 애쓰는 곳이다. 갈등 안에서 서로의 감정을 솔직하게 표현하며 관계가 끈끈해진 가정이 이상적이라고 생각한다.

나이가 들어도 여전히 아이에 머물러 있는 사람이 있다. 운명이나 환경을 탓하며 한평생을 보내는 사람도 있다. 문제가 일어난 원인도 중요하지만 어떻게 해결할 것인지 고민하는 게 더 중요하다.

주인공 제누 301은 열아홉 살로, 열세 살 때부터 부모 면접을 많이 보았지만 매번 선택하지 못했다. 부모들이 아이에게 선택받기 위해 좋은 옷을 입고, 친절한 태도를 보이는 게 가식으로 느껴졌기 때문이다. 제누 301 눈에는 그들이 자식을 키우고 싶어 지원한 게 아니라 정부 지원금을 원하는 것처럼 보였다. 오히려 허름한 옷차림에 부모가 되기에 준비가 되지 않은 듯 보이는 미숙한 사람에게 끌렸다. 가면을 벗고 다가오는 진심에 그의 마음이 움직였다. 제누 301은 19년 동안 혼자 살아오며 부모의 공백이 컸다. 자신이 신중하게 선택하더라도 새로운 가정에 적응하기까지 또 다른 시간이 필요하다는 걸 이미 알았다.

아이들이 부모를 선택한다는 설정은 어찌 보면 부러운 상황처럼 보이지만 그만큼 노력의 무게가 따른다. 새로운 가족이 되기 위해선 애써야 할 시간이 많다. 어떤 아이는 부모를 선택해야 하는 상황이 오면 환경을 더 중요하게 생각할지도 모른다. 하고 싶은 일을 적극 지원받을 가능성이 커지기 때문이다. 그 선택이 현실적일지 몰라도 문제가 생기지 않는 건 아니다.

아이가 부모를 선택했더라도 곧 완벽한 행복이 보장되지는 않는다. 한순간에 경제적인 지원을 마음껏 해줄 수 있는 부모가 내게 떨어진다고 마냥 좋지만은 않을 것이다. 가족 간 끈끈한 정은 그저 만들어진 게 아니다. 수많은 갈등과 오해, 용서와 인내가 쌓여 지금의 모습이 만들어지는 것이다. 진정한 가족은 선택의 순간보다 함께 살아내는 시간 속에서 형성된다. 함께 밥을 먹고, 다투고, 화해하며 쌓아가는 날들이 가족을 단단하게 만든다.

'반대로 부모가 자녀를 직접 선택할 수 있다면 어떨까?'

아마 대부분의 부모가 사춘기를 겪고 있는 아이를 꺼릴 것이다. 누구나 알고 있듯 사춘기의 아이는 매우 예민하기 때문이다. 사춘기를 겪는 아이는 부모에게 더 큰 인내와 이해를 요구한다. 아이의 혼란과 불안은 성장의 과정이며, 그 시간을 함께 견뎌내면 부모와 자녀를 더욱 단단히 묶어주기도 한다.

사춘기 소년 제누 301 역시 또래처럼 그동안 살아온 삶을 누군가에게 이해받고 싶었다. 그리고 자신도 이해하고 존경할 만한 사람을 부모로 선택하고 싶었다. 단순히 부모에게 보호받는 아이가 아닌, 서로의 이야기를 주고받으며 하나의 인격체로 인정받고 싶었다. 그가 바라본 가정은 완벽하지 않아도 서로를 지탱하는 곳이다. 그리고 가족이라는 울타리가 한 사람의 성품과 삶을 형성하는 토대가 된다는 사실을 그는 이미 알고 있었다.

가족은 하나의 작은 사회다. 부모에게 인품을 보고 배우며 형제간 관계를 통해 이타심을 배운다. 반면 따뜻한 보살핌을 받지 못했다고 해서 반드시 비뚤어지는 건 아니다. 오히려 배우지 않아야 할 것들을 보고 자란 아이들이 더 좋은 사람이 되기도 한다. 환경은 선택할 수 없지만 어떤 삶을 살 것인지는 선택할 수 있다.

대부분 부모는 부모대로, 자녀는 자녀대로 각자의 자리에서 최선을 다한다. 서로 애쓰고 있다는 걸 알아주라는 말이 아니다. 머리로는 알아도 와닿지 않는 게 남 입장이다. 다만 내 인생이 계획대로 되지 않을 때 적어도 부모 탓, 아이 탓을 하지 말자는 이야기다. 아무것도 해보지 않고 원망만 한다면 한평생을 아이로 멈춘 삶을 살게 될 것이다.

삶에서 받아들이고 견뎌야 할 일이 너무 많다. 아픈 시간이 있는 만큼 건강한 순간도 온다. 평생 쓸 불행의 양이 있다면 분명 그만큼의 행복도 있다. 눈에 보이는 거창한 일이 아니다. 건강하게 보낸 하루가 행복이 될 수 있다. 친구나 가족, 종교, 반려동물이 힘이 될 수 있고, 맛있는 음식이나 책이 위안이 될 수도 있다. 때로는 치킨 한 마리가 책 열 권보다 더 나은 위로가 되기도 한다.

　너무 멀리서 위로를 찾으려 애쓰지 않아도 된다. 상대에게 건네는 차 한 잔, 문자 한 통, 따뜻한 말이 마음을 붙들 때가 있다. 일상에 사소한 것들이 엮여서 큰 의미가 된다. 그중에서도 가족과 매일 나누는 시간은 어떤 것과도 비교할 수 없는 힘을 가진다. 그 힘이야말로 언제나 내 삶을 지탱하게 한다.

스스로 살아갈 힘

박완서 『친절한 복희씨』

잘 살기 위해서는 무엇이 필요할까? 대개 돈과 건강을 떠올릴 것이다. 살아가는 데에 어느 정도의 경제력과 건강은 중요하다. 두 가지가 있어야 무엇이든 할 수 있는 기회가 더 생긴다. 나는 그보다 더 필요한 것이 바로, '주체성'이라고 생각한다. 한마디로, 내 삶을 남에게 맡기지 않는 태도가 필요하다. 어쩌면 당연하다고 생각할지 몰라도 우린 스스로 모르는 사이에 많은 부분을 남에게 의지하곤 한다.

부모와 아이는 서로 연결되어 있다. 대부분 어린 시절엔 부모님의 사랑과 가르침으로 자라난다. 자신도 모르게 부모를 닮아가고 따른다. 문제는 자기 앞에 일어난 일을 스스로 결정하지 못하고 부모의 감정까지 따라가는 경우이다. 무작정 부모의 행동과 감정에만 의지하면 평소 느껴지는 자기 마음조차 잘 알아차리기 어렵다.

스스로를 잘 알지 못하면 성인이 되면서 사용하는 감정 표현도 제한적이다. 좋고 나쁨이 아니면 나머지는 '모르겠다'가 되어버린다. 왜 기분이 나쁜지, 왜 화가 나는지 알지 못한 채 감정만 앞서는 것이다. 부모도 마찬가지다. 일과 육아로 정신없이 시간을 보내며 내 마음과 몸을 돌보지 못한다. 아이를 돌보느라 정작 자신을 돌볼 시간이 없다. 서로 다른 시간 속에서 부모에게는 아이가 전부가 되었고, 아이는 부모 외의 세상을 두려워하며 서로 엉겨 붙는다.

박완서의 단편 소설 『친절한 복희씨』 주인공 복희씨는 열아홉 살에 서울로 취직해 나이 많은 사장에게 몹쓸 짓을 당해 결혼까지 하게 된다. 그렇게 아이를 낳고 돈을 벌며 몸이 불편한 남편과 끝까지 산다.

소설 속 이야기지만 어쩌면 우리 이야기일지도 모른다는 생각을 했다. 결혼해서, 임신해서, 아이 생각해서 인생을 죽을 때까지 참아야만 하는 상황에 누구나 놓일 수 있다. 남 이야기면 '뭘 그리 참고 사느냐.'고 말할 수 있지만 정작 자기 이야기가 되면 다르다. 한 번 맺은 인연은 냉정하게 끊어내기 어렵다. 책임과 의무가 얽혀 있는 이상 쉽게 벗어나기 힘들다. 인연이 어떻게 시작되었는지보다 인연을 어떻게 책임질지에 무게가 쏠리기 때문이다.

복희씨가 대단하다고 여겨지는 부분은 복수심이 불타오를 정도의 사건을 겪고도 삶을 포기하지 않은 것이다. 게다가 자신에게 닥친 나쁜 일을 결코 자기 탓으로 돌리지 않는 점도 인상 깊었다.

복희씨는 아편이 담긴 생철갑을 지니고 있다가 고통스러울 때마다 의지했다. 아편은 적게 먹으면 약, 많이 먹으면 독이라는 걸 알았다. 가지고 있다고 써먹을 생각은 아니었다. 힘든 일이 있을 때 자신에겐 아편이 있다는 것만으로도 버틸 수 있었다. 그녀는 스스로를 해치는 방식으로 아픔에서 벗어나려 하지 않는 지혜로운 사람이었다.

복희씨는 자식을 다 키운 뒤에도 남편에게서 벗어날 수 없었다. 반신불수의 남편을 돌봐야 했다. 소설은 때로는 가족의 병이 가정의 위기로 확대되기도 한다는 것을 보여준다. 간병과 경제적 문제 등 병의 무게는 생각보다 더 무거운 문제다.

아프면 어쩔 수 없이 내 삶을 남에게 맡기게 되고 의지하게 된다. 반면 아프지 않고도 스스로 살아갈 힘이 없어 남들에게 기대며 사는 사람들도 있다.

어렵겠지만 아프든, 아프지 않든 자신만의 길을 만들어야 한다. 복희씨가 살길은 무엇이었을까. 처음엔 자식을 잘 키웠고 친정 식구도 도왔으며 남편도 잘 돌보고 있다는 사명감이 있었다. 하지만 자식들을 대학에 보낸 뒤엔 목적을 달성한 건지, 아닌지 알 수 없는 혼란에 휩싸였다. 자신을 위한 건 아무것도 없었다.

몸이 불편하면서도 본능에 집착하는 남편이 미울 땐 죽었으면 했을 것이다. 자신도 죽지 못해 살았고 남편을 죽일 용기도 없었다. 운명이라 여기고 살았지만, 그것도 아니었다.

그저 견디고 버텨온 세월일 뿐이었다. 더 이상 운명이라는 이름 아래 자신을 지워가며 살고 싶지 않았다.

부모 세대엔 많은 것을 참으며 살았다. 시대적 상황이 그렇게 만들기도 했다. 무엇이 옳고 그른지 명확히 알 수 없는 순간도 있었다. 지나고 나서 후회하지 않을 일이라면 괜찮겠지만, 그렇지 않다면 어떤 상황에서도 자신을 잃으면서까지 모든 것을 쏟아서는 안 된다. 내 앞에 닥친 일을 피할 수는 없지만, 결과 앞에서 '어쩔 수 없었다'라거나 '잘 모르겠다'라는 말로 책임을 피해서는 안 된다.

내 생각인데도 실제로 스스로 생각해낸 것이 아닐 때가 있다. 부모나 배우자가 생각한 대로 그대로 스며들 때가 있다. 같은 환경에서 비슷한 경험을 하며 자연스레 녹아내린 탓이다. 가족은 행동과 표정, 말투, 억양까지 닮는다. 나의 감정이 고스란히 가족에게 전달되고, 아이들에게까지 물려줄 수도 있는 것이다.

나는 10년이라는 우울함의 터널에서 아까운 젊음을 흘려보냈다. 그때 내가 했던 생각들이 알게 모르게 주위 사람에게 부정적 기운으로 뻗쳤다. 지금 돌아보면 어쩌면 무기력함을 계속 유지하고 싶었는지도 모른다. 우울하기에 예민할수도 있고, 아무것도 하지 않을 수 있는 핑계를 댈 수 있으니까. 때로는 좋아질 기회가 있었지만 외면한 적도 있었다. 10년의 세월 동안 아무런 선택을 하지 않으니, 어떤 일도 일어나지 않았다. 그렇게 살다 보니 삶에서 내 것이 하나도 없는 듯한 느낌이었다. 이전과는 다른 삶을 살고 싶어졌다. 놀랍게도 새로운 삶을 살기로 마음먹은 순간부터 주위에서 도움의 손길을 내밀어 줬다. 좋은 기회가 생기면 나는 마음의 문부터 열기로 다짐했다. 그러자 주위에서 독서 모임을 제안해 책을 읽기 시작했고, 어느새 글도 쓰기 시작했다.

새로운 도전을 시작했다고 인생이 갑자기 변하지는 않았다. 나는 독서와 글쓰기로 우울증을 극복하지 못했다. 지금도 함께 살아간다. 하지만 삶을 대하는 태도가 달라졌고 선택의 폭이 넓어졌다. 책을 통해 우울함에 빠진 나를 들여다보게 되었고, 제대로 다독이게 되었다. 삶의 순간들을 스스로 선택하게 되었다.

누군가는 결혼 혹은 일에 얽매이다가 자신의 청춘이 사라졌다고 느낄지 모른다. 부모의 역할로, 사회인으로 흘려보낸 시간이 헛되다고 여길지도 모른다. 그러나 그 시간은 결코 헛되지 않을 것이다. 자기도 모르는 사이에 자신만의 방식으로 치열하게 살며 터득한 삶은 그 자체만으로도 멋진 일이니까. 다만, 지금의 삶을 스스로 인지해 주도적으로 끌고 가는 자세가 필요할 뿐이다.

내 삶을 앞으로 나아가게 하는 건 독서나 글쓰기가 아니다. 오늘 하루도 나 자신을 포기하지 않겠다는 마음이다. 작은 선택이라도 내 손으로 하겠다는 의지가 하루를 버텨내게 한다. 전신마비로 살면서 매일을 내가 세상에서 필요한 사람이라고, 스스로 삶의 의미를 불어넣는다. 이것은 나 자신에게 건네는 믿음이기도 하다. 책과 글은 진실된 마음을 불러내는 도구이지만, 결국 나를 붙잡은 건 나 자신이다.

가족도 세상도 중요하지만 스스로 바로 서야 한다. 다른 사람이 아닌 내가 좋아하는 일을 만들고 삶을 스스로에게 맡기는 것이다. 나를 돌보는 일에 죄책감을 가질 필요 없다. 나는 세상에서 가장 소중하다. 시간이 켜켜이 쌓이면 알게 될 것이다. 도무지 모르겠던 인생이 나를 위해 움직이고 있었다는 사실을.

기억의 왜곡 속으로

줄리언 반스 『예감은 틀리지 않는다』

고등학교 시절, 가장 친한 친구가 있었다. 친구는 나와 같은 중학교를 나왔지만, 당시엔 반이 달랐기에 같은 동네에 산다는 것 외에는 친분이 없었다. 고등학교에 들어와 가까워졌고, 어느 날, 그 친구가 내게 물었다.

"너 중학교 때 나 싫어했어?"

"아니, 전혀. 왜 그렇게 생각해?"

"내가 너한테 인사했는데 네가 안 받아줬거든."

나는 그럴 리 없다고 했지만, 친구의 표정은 진지했다. 미안했다. 게다가 나는 전혀 기억나지 않았다. 솔직하게 말하자 친구는 더욱 서운해했다. 내가 기억하지 못한 행동이나 말이 친구에게 큰 상처가 되는 순간이었다.

그날 이후 내 기억을 절대적으로 믿지 않기로 했다. 내가 기억하지 못하는 순간이 누군가에겐 오래 남아 지워지지 않는 아픔이 될 수 있다는 걸 알았다. 기억은 언제든 불완전하게 흐려진다. 하지만 내가 남긴 말과 행동은 사라지지 않고 누군가의 마음 어딘가에 머물 수 있다.

사람의 기억은 개인적인 감정에 의해 언제든 왜곡될 수 있다는 사실을 말해주는 책이 있다. 책『예감은 틀리지 않는다』는 주인공 토니의 시점으로 이야기가 이어지는 소설이다. 학창 시절, 토니와 두 명의 친구 사이에 에이드리언이라는 친구가 합류했다. 토니는 베로니카라는 여자 친구와 만나다가 헤어졌는데, 시간이 흘러 토니는 전 여자 친구 베로니카가 에이드리언과 만난다는 소식을 들었다. 토니는 내키진 않았지만 둘의 행복을 빌었다. 그러나 시간이 지나 밝혀진 진실은 달랐다. 진실은 토니가 직접 쓴 편지를 통해 밝혀졌다. 알고 보니 토니는 에이드리언과 전 여자 친구가 만난다는 소식에 둘에게 심한 욕설을 한 것이다. 자신은 덤덤하게 둘의 사랑을 축복해주었다고 기억했지만, 실제로는 그 모든 사실을 잊고 싶을 만큼 달라 괴로워했다.

사람들은 종종 자신이 겪은 일을 다른 사람에게 유리하게 말할 때가 있다. 자기애가 강할수록 말하면서 스스로를 좋은 사람으로 포장하기도 한다. 부모와 자식 사이에도 이와 비슷한 일들이 종종 일어난다. 남 이야기를 듣지 않고 오로지 자신의 기억만 믿는 것이다.

나는 어린 시절 내내 엄마에게 혼난 기억이 많다고 생각했지만, 엄마는 오히려 내가 사랑스러웠던 순간들만 기억하고 있었다. 좋은 시간만을 마음에 담고 있었다.

내 경험을 비추어볼 때 대체로 부모는 자식에게 잘해준 일만, 자식은 부모에게 섭섭한 일을 크게 기억한다. 그게 자신의 감정과 생각에 따라 얼마나 부풀려지는지도 모르고 스스로의 기억을 무조건 신뢰한다. 좋은 기억이 부풀려지면 큰 문제는 없겠지만 안 좋은 기억이 자기식대로 커지면 문제가 생긴다. 서로의 입장만 고려해 서운함이 쌓이면 나쁜 기억은 한없이 더 부풀려진다. 어쨌거나 생각과 기억은 내가 좋을 대로 언제든 달라질 수 있다.

기억의 왜곡이 깊어지면 오해에 오해를 더해 꼬리를 문다. 그러므로 나의 기억이든 지식이든 항상 옳다고 확신해서는 안 된다. 나의 신념을 확신하는 순간, 잘못된 눈으로 세상을 보게 된다. 나의 지식을 맹신하면 다른 사람의 생각을 받아들이지 못하게 된다. 그래서 나는 늘 기억과 판단을 점검하고, 스스로의 확신을 의심해본다.

다른 사람의 불행을 멋대로 상상하는 것도 생각의 왜곡이다. 노년이 된 후 토니가 베로니카를 만났을 때였다. 토니는 베로니카가 장애를 가진 청년을 돌보는 모습을 보게 되었다. 토니는 청년이 베로니카와 에이드리언 사이에 태어난 아들이라 짐작했다. 하지만 에이드리언은 젊은 시절 스스로 목숨을 끊어 이미 세상에 없었다. 토니는 또 한 번 베로니카가 혼자 아이를 낳고 돌보느라 얼마나 힘들었을지 상상하며 동정했다. 하지만 이 모든 건 어디까지나 토니의 추측이었고 실제 상황은 전혀 달랐다.

우리는 종종 스스로의 기억과 추측으로 상황을 해석한다. 그러나 어떤 상황이든 우리의 생각처럼 단순하지 않다. 이해와 판단 사이에는 늘 보이지 않는 틈이 있다. 아주 작은 틈 사이가 상상치도 못할 정도로 커다란 오해를 만든다.

책의 작가 줄리언 반스는 독자가 책을 여러 번 읽기를 바라며 이야기를 썼다고 했다. 실제로 다시 펼치니 처음 읽었을 땐 뒷부분에서 이해되지 않던 주인공의 말과 행동을 어렴풋하게나마 이해할 수 있었다.

작가는 자신의 인생을 방관자처럼 살지 않길 바랐다. 그리고 인생에 문학처럼 정해진 결말은 없을 거라 했다. 내가 결말을 예측해 봤자 원하는 대로 흘러가지 않기 때문이다. 오늘 하루만 해도 계획이 틀어져 생각해 둔 저녁 메뉴가 바뀐다. 그게 인생이다.

우리의 기억은 왜곡될 수는 있어도 현실을 왜곡하며 살아가서는 안 된다. 물론 과거도 중요하다. 과거가 있기에 지금의 내가 있는 거니까. 흘러간 시간은 나의 한 조각일 뿐, 삶 전체를 지배할 수는 없다.

　잘못된 기억으로 후회 속에 머물지 않고, 놓아주면서 내일을 향해 나아가야 한다. 불확신한 기억보다 중요한 건 지금의 나이고, 앞으로 올 미래다.

우리는 왜

엇갈리는 걸까

나는 너에게
좋은 사람일까

헤르만 헤세 『데미안』

"우리는 좋은 인연일까, 악연일까?"

사람과 사람의 만남은 좋은 인연과 악연 사이에 머문다. 인간관계에 명확한 답을 내리긴 어렵지만 그럼에도 사람들은 각자의 방식으로 의미를 부여한다. 때로는 만날 때는 알지 못했지만, 헤어지고 나서야 소중한 인연이었음을 깨닫기도 한다. 상처로 남은 관계조차 돌아보면 나를 나답게 만든 흔적임을 알게 될 때가 있다.

왜 첫 만남부터 상대를 제대로 알아볼 수 없을까? 대부분이 마음이 원하는 대로 상대를 해석하고, 보고 싶은 모습으로 보기 때문이다. 처음엔 상대를 있는 그대로 사랑하리라 다짐하지만, 시간이 지날수록 나와 다른 모습을 발견하고 실망하게 된다. 감정의 안개가 걷힌 뒤에야 비로소 상대의 모습이 선명하게 드러난다.

인간관계에서의 충돌은 대부분 서로를 알지 못해서 생긴다. 내가 기대한 모습과 다르다는 이유로 관계가 멀어지거나 끝난다. 반대로, 어떤 인연은 서로의 다름을 이해하며 더 깊어지기도 한다.

한동안 내가 잘하면 좋은 인간관계를 유지할 수 있을 거라 믿었다. 상대에게 좋은 마음으로 대하면 그대로 돌아온다고 생각했다. 그러나 세상은 그렇게 단순하지 않았다. 내가 주는 만큼 돌아오지 않았고 상대는 생각대로 움직이지 않았다.

인간관계를 폭넓게 이해하고 나만의 믿음에서 빠져나오게 만든 건 책이었다. 책은 나를 다른 세상으로 데려가 주었고, 다양한 사람을 만나게 했다. 모든 일이 내 뜻대로 흘러가지도, 좋기만 하지도 않다는 걸 알게 되었다.

세상의 어두운 면에 관심을 가진 사람이 있다. 책『데미안』의 주인공 싱클레어다. 『데미안』은 싱클레어가 열 살부터 스무 살 무렵까지 겪은 내적 변화와 성장을 다룬 이야기다. 싱클레어가 어린 시절 우연히 만난 데미안은 처음엔 낯설고 불편한 존재였다. 그러나 시간이 흐를수록 자신이 누구인지, 어떤 삶을 살아야 하는지를 데미안을 통해 깨달을 수 있었다.

나는 악마를 나와는 전혀 상관없는, 멀고 낯선 세계에 사는 사람이라고 생각했다. 그런데 악마는 멀리 있지 않았다. 가장 가까운 사이에도 악마는 있었다. 밖이라고 모두 위험한 것이 아니듯, 집이라고 해서 늘 안전한 것도 아니다. 누구나 좋은 세계와 나쁜 세계를 만나고 경험한다. 놀랍게도 내 안에서 악마가 나올 때도 있고, 가만히 있는 누군가를 내가 악마로 만들 때도 있다.

"우리 회사에 악마 같은 상사가 있어."

회사에 막 입사한 친구가 푸념하듯 말했다. 사정을 들어보니 상사가 친구를 함부로 대했고 무리하게 일을 시켰다. 친구는 자신이 운이 나빠 상사를 잘못 만났다며 "좋은 사람을 만나는 게 얼마나 행복한 일인지 아냐."며 속상해했다.

　나는 친구의 말에 공감했다. 사회생활에서 좋은 사람을 만나는 건 실력만큼이나 중요하다고 나 역시 느껴왔다. 나도 낯선 곳에 갈 때마다 좋은 사람을 만나길 바랐다. 마음 통하는 사람을 만나면 편하지만, 현실은 바람대로 되지 않았다. 어딜 가든 신경에 거슬릴만한 한두 사람이 있었다. 그때마다 운이 없다고 생각했다. 그런데『데미안』을 읽은 뒤 생각이 바뀌었다. 만나는 사람을 내 기준으로 판단하고 악마라 여긴 적도 있었다는 사실을 인정해야 했다.

　누구에게나 장단점이 있다. 내게는 좋은 사람일지라도 누군가에겐 나쁜 사람일 수 있고, 반대로 나빠 보이는 사람도 누군가에겐 좋은 사람일 수 있다. 나 역시 누군가에게 악마일 수도, 천사일 수도 있다. 모든 관계는 상황에 따라 다르기에 섣불리 그 사람을 악마로, 혹은 천사로 단정해서는 안 된다.

　　어둠의 세계를 떠올리며 나는 종종 악마를 상상했다. 악마
　　는 변장을 하고 본래의 모습을 숨기면서 우리 집이 아닌 길

거리나 시장, 술집 어딘가에 있으리라 막연히 생각했었다.

헤르만 헤세 『데미안』 p.14

좋은 사람이든 나쁜 사람이든 배울 점이 있다. 누군가는 나를 흔들기도 했고, 또 누군가는 성장하게 만들기도 했다. 예상치 못한 만남이 때로는 내 생각을 바꾼 적도 있었다. 설령 악연일지라도 진심을 다했다면 그것만으로도 충분했다. 나를 힘들게 했던 사람을 통해 내가 어디까지 참을 수 있는지, 어떤 태도로 스스로를 지키는지 명확히 알게 되었으니 말이다. 오히려 그 과정이 나를 더 성장하게 만들었다.

싱클레어 주위에 크로머라는 불량 청소년이 있었다. 싱클레어는 크로머 무리에 끼고 싶어 거짓말로 사과를 훔쳤다고 허세를 부렸다. 그러자 크로머는 싱클레어의 거짓말을 빌미로 협박하고 나쁜 일을 하게 만들었다.

크로머는 싱클레어가 속해 있던 착한 세계를 무너뜨리는 인물이다. 싱클레어는 자신의 거짓말로 불안과 죄책감을 느꼈다. 이 사건으로 자기 안에 있던 어두운 세계를 마주하게 되었다. 반대로 데미안과의 만남을 통해 싱클레어는 삶을 새롭게 바라보는 눈을 가지게 되었다. 크로머에게서는 아픔을, 데미안에게서는 따뜻함을 느낀 것이다.

데미안은 단순한 친구가 아니었다. 그는 싱클레어가 경험하는 혼돈 속에서 길을 안내해주는 존재였다. 데미안은 싱클레어에게 스스로를 해석하는 방법을 알려주며 새로운 세계를 열어주었다. 싱클레어는 모든 세계를 받아들일 때 비로소 자기 자신으로 설 수 있었다.

모든 관계의 선악을 단정할 수 없다. 다만 삶에서 만나는 관계가 나를 변화시키기에 만남의 의미를 따지기보다, 그 속에서 드러나는 자기 자신을 바라보아야 한다.

사람들과 좋은 관계를 유지하길 원한다면 상대를 보기 전에 먼저 나 자신을 바라봐야 한다. 관계는 다른 사람을 통해 완성되는 듯 보이지만, 실은 나의 태도와 마음가짐에 따라 달라진다. 내가 가진 마음이 건강할수록 관계도 자연스럽게 흐른다.

지금 내 모습이 초라하더라도 괜찮다. 초라함은 잠시 머무는 순간일 뿐이다. 오히려 겉으로 반짝일 때는 미처 몰랐던 나를 깊이 만나는 시간일지도 모른다. 내가 만나는 모든 사람은 내 안에 다양한 모습을 비추는 거울이다.

언니와 동생,
그리고 나

아니 에르노 『다른 딸』

나는 1남 3녀의 셋째 딸이다. 두 언니의 사랑을 듬뿍 받았고, 남동생과도 사이가 좋았다. 언니는 나와 동생을 사랑으로 보살폈다. 맛있는 것이 생기면 나눠주었고, 함께 게임을 하면 늘 져줬다. 초등학교 6학년이었던 둘째 언니는 1학년인 나를 자전거 뒤에 태우고 학교와 집을 오갔다. 동생은 언제나 나를 따랐고, 우리는 많은 이야기를 나누며 자랐다. 그 사랑으로 나는 외롭지 않았다. 언니와 동생은 내 삶의 처음이자 가장 오래된 친구다.

심리학자 아들러에 의하면 형제는 태어난 순서에 따라 성향이 다르다고 한다. 그에 따르면 첫째는 태어나면서 부모의 사랑을 독차지하지만 동생이 생기면 관심이 분산되어 외로움을 느낀다. 그래서 책임감과 배려심을 배운다. 동시에 자신이 어떤 태도를 해야 관심받을지 고민하는 시기를 지난다.

둘째는 혼자만 주목받아보지 못해 동생이 태어나도 정서적으로 큰 충격을 받진 않는다. 또한, 첫째에게 보고 배우며 받아들이는 능력이 강하다. 언니와 동생 사이에서 눈치를 보기도 하고 조정하는 능력을 배운다. 크게 문제를 일으키지 않고 자립을 빨리한다.

막내는 가족의 영원한 아기다. 관심과 사랑을 많이 받아 자신감이 넘치고 두려움이 없다. 도움을 요청하는 게 자연스러우며 자립 또한 어려워한다. 첫째나 둘째를 보고 자라나기에 더 잘하려는 경쟁심이 크다.

형제가 없는 외동은 형제 관계의 갈등을 느껴보지 않아서 상대적으로 사람을 대하는 게 서툴다. 반대로 부족함을 채우며 성장하기도 한다.

아들러 이론이 다 옳다고 할 순 없다. 태어난 순서가 성격에 영향을 줄 수 있다는 가능성을 알려줄 뿐이다. 순서가 좋고 나쁨을 결정하지는 않는다. 다만, 이론을 알면 나와 다른 사람을 이해하기 쉽다. 우리는 태어나면서부터 가족이라는 울타리 안에서 역할을 부여받는다. 그리고 눈에 보이지 않는 경쟁 속에서 알게 모르게 부단히 노력하며 살아왔다.

아니 에르노의 책 『다른 딸』은 저자의 이야기다. 자신이 태어나기 전, 여섯 살이었던 언니가 병에 걸려 세상 떠났다. 이 책은 언니에게 보내는 편지글이다.

저자는 그동안 외동인 줄 알고 살아왔다. 언니가 있었다는 사실을 엄마가 이웃에게 말하는 걸 엿듣고 알게 되었다. 순간 눈에 보이지 않는 경쟁자가 생긴 기분이었다. 게다가 언니가 자신보다 착했다는 데에 충격을 받았다.

대화 끝에 어머니는 당신에 대해 말합니다. "그 아이는 쟤보다 훨씬 착했어요"라고. 착하지 않은 아이. 그 아이가 바로 나예요.

아니 에르노 『다른 딸』 p.17

그 대화 전에 에르노의 어머니는 이렇게 말했다. "쟤는 아무것도 몰라요. 아이가 슬퍼하길 원치 않아요."라고. 하지만 에르노는 자신이 착하지 않다는 어머니의 말이 마음에 걸려 넘어졌다.

에르노가 상처받지 않길 원하는 엄마. 그리고 엄마가 죽은 언니를 자신보다 더 생각한다고 여기는 에르노. 그녀는 마치 그동안 엄마에게 받은 사랑이 가짜 같다고 여겼다. '언니는 늘 죽어있는 사람이었다.'라고 표현했지만, 그녀와 부모 사이에 마치 존재하는 것처럼 느꼈다.

부모와 자식 간에 오해는 이렇게 생긴다. 부모가 자식에게 한없는 사랑을 줘도 매서운 한마디에 자식은 사랑이 없다고 느낀다. 그동안의 사랑이 마치 물거품처럼 사라지기도 한다. 부모의 한마디에 '나는 살아있으면 안 될 존재였던가.'라는 생각까지 하게 된다. 말속에 숨은 의미를 혼자서 키우며 되씹는다. 상처는 아주 작은 것에서 시작되어 부풀려진다.

같은 상황에 놓이더라도 모두 상처받는 건 아니다. 부모에게 신뢰가 단단하고 말에 민감하지 않은 자녀는 부모의 쓴소리를 그냥 흘려듣기도 한다. 물론 예민함이 나쁜 것만은 아니다. 예민한 사람들은 자신의 감정과 상처를 잘 관찰하고 좋은 쪽으로 풀어낼 줄 안다. 상대의 감정도 잘 알아채 상황 파악을 잘한다.

책 후반부에서 저자는 파상풍으로 죽을 수도 있던 상황에서 부모의 보살핌으로 간신히 살아났다. 그녀는 살아남아서도 '착한 소녀인 언니는 죽었고 악마인 자신은 살아났다.'라고 표현했다. 그녀는 상처의 굴레에서 벗어나지 못했지만, 오히려 그 상처가 좋은 쪽으로 발현되기도 했다. 자신이 사는 이유는 글을 쓰기 위함이라 믿으며, 상처를 좋은 글을 쓰는 원동력으로 삼았다.

나는 당신이 죽었기 때문에 글을 쓰는 것이 아닙니다. 당신이 죽은 것은 내가 글을 쓰도록 하기 위함이에요. 여기에는 큰 차이가 있습니다.

아니 에르노 『다른 딸』 p.39

세상을 떠난 언니와도 비교하는데 실제는 어떨까. 몸을 부대끼며 살아가는 형제자매 사이의 비교는 더 하다. 나라는 사람을 누군가와 저울질하며 존재를 확인하려는 심리 때문일까. 우리는 수시로 타인과 비교하며 의미를 부여한다.

사이가 좋아도 언제든 형제 관계에서 감정 충돌이 일어날 수 있다. 나는 언니와 동생보다 공부를 잘하지 못했다. 그래서 항상 위축되었고 부러웠다. 다만 밉거나 싫지는 않았다. 오히려 자랑스럽고 대단해 보였다. 동생에게 "나중에 커서 꼭 성공해. 나는 성공한 동생의 누나가 될래."라고 말하기도 했다.

그럼에도 오랜 시간 '공부'라는 단어는 내 마음을 찌르는 송곳이었다. 부모님에 의하면 나는 대여섯 살 경, 원인 모를 경기를 세 번이나 심하게 일으켜 죽을 뻔한 적이 있다고 한다. 당시 내 이름이나 나이조차 기억에서 사라져 모든 것을 다시 익혀야 했다. 초등학교에 들어가서는 공부를 따라가기 힘들었다. 내 사정을 모르는 사람들이 "언니와 동생과 다르게 너는 왜 공부를 못해?"라고 물으면 할 말이 없었다. 뭘 하든 자신감이 없었고 스스로를 믿지 못했다. 그 덕분에 여태껏 공부에 맺힌 한을 글로 풀어내고 있다. 이제는 누구와 비교하지 않고 스스로를 대견하게 여긴다.

언니와 동생, 그리고 나는 핏줄로 연결되어 알게 모르게 경쟁하며 살았다. 가장 가까운 존재는 어쩔 수 없이 저울질의 대상이 될 수밖에 없다. 성인이 되고 나서는 가족보다는 사회에서 비교당했다. 그때 깨달았다. 사회생활에 지쳐 힘을 잃어도 있는 그대로의 나로 바라봐주는 건 사랑하는 가족이라는 것을. 가족은 경쟁하고 부딪히기도 하지만 가장 나약할 때 나를 지탱해주는 존재다. 삶의 무게가 벅찰 때 나를 다시 일으켜 세우는 힘이 된다.

가족 안에서는 완벽한 사람은 없다. 부족하기에 서로를 더 필요로 한다. 때로는 기대고, 때로는 버팀목이 되어준다. 누군가는 갈 길을 내어주고, 누군가는 뒤에서 묵묵히 따라간다. 그 누구 하나 의미 없이 존재하지 않는다.

인간관계의 유효기간

도리스 레싱 『다섯째 아이』

"누군가 옆에서 기운 빠지는 소리 하잖아? 그럼 그 사람을 네 인생에서 빼버려."

TV에서 누군가가 한 말이다. 충격이었다. 곰곰이 생각해 보니 내 인생에서 기운 빠지는 사람을 뺀다면, 일단 나 자신부터 사라져야 했다.

당시 마음이 힘든 시기였는데 그런 이야기를 들으니 참 허망했다. 기운 빠지는 소리가 좋은 말은 아니지만 그렇다고 내 인생에서 뺄 필요까지 있을까.

요즘 자주 듣는 조언이 있다. "오래된 인연이라도 불편하면 거리를 두거나 손절해라."이다. 처음 들을 땐 고개를 끄덕였다. 내 삶에서 꼭 필요한 사람만 남기는 생각을 넘어 불편한 사람은 쉽게 제하자는 생각까지 했다. 인간관계를 가볍게 여기니 시간이 지날수록 나도 모르게 사람들에게 선을 그었다. 새로운 사람을 만날 땐 인연이 언제까지 이어질지 따지곤 했다.

한 번은 친구와 싸워 몇 달을 연락하지 않던 적이 있었다. 수시로 친구가 생각났지만 먼저 연락하기에 자존심이 상해서 하지 않았다. 다행히 친구가 먼저 손 내밀어 다시 관계가 좋아졌다. 실은 연락하지 않는 동안 친구와 보낸 시간들이 그리웠다. 내가 친구에게 잘못한 것들만 생각났다. 다시 연락을 주고받으니 그동안 쌓였던 서운함은 사라지고 반가움만 남았다. 지난 감정을 털어내며 우리 관계가 쉽게 끊어지지 않을 만큼 단단했음을 새삼 느꼈다. 함께한 시간과 쌓인 추억은 잠시 멀어졌던 틈마저도 메워주었다.

한 사람을 만나고 좋은 관계를 이어오기까지 긴 시간을 함께 보내고 웃고 울고 한다. 상대에게 나의 단점을 보여도 괜찮은 사이가 되기까지 많은 시간과 노력이 필요하다. 그러나 관계를 끊을 땐 한 번의 실수나 불편한 점만 보고 판단하기 쉽다. 분명 사이가 멀어지고 미울 때가 있지만, 한 번의 판단으로 돌아서는 건 섣부르다.

우린 종종 함께했던 좋은 기억들로 미움을 덮을 수 있다는 걸 잊는다. 인간관계에 유효기간이 있다느니, 진정한 친구는 몇 명이어야 한다느니 정하고 싶은 것들을 만들어 관계를 정리한다.

소설 『다섯째 아이』의 주인공 해리엇과 데이비드는 아름다운 가정을 꿈꿨다. 그러던 어느 날, 그들에게 벤이라는 다섯 번째 아이가 태어났다. 벤은 가족 관계까지 흔들릴 정도로 자주 난폭한 행동을 하곤 했다. 개를 죽이고 야생적인 모습을 보였다.

나는 소설 속 벤의 행동에 많이 놀랐다. 예상치도 못한 난폭함과 이기적인 태도 때문이었다. 다른 사람은 벤을 어떤 눈으로 보는지 책 리뷰를 찾아보고 또 한 번 놀랐다. 누군가는 부모가 벤을 처음부터 싫어하지 않았냐며 부모 탓을 하기도 했고, 다른 누군가는 태어나면서부터 나쁜 짓을 한 벤을 탓했다. 대부분이 한 사람을 이해하기 전에 판단부터 하려고 했다. 그러나 나는 쉽게 판단해 부부를 탓하거나 벤을 탓하고 싶지 않았다.

해리엇은 벤을 감당할 수 없어 병원으로 보냈다가 죄책감으로 다시 데려와 사랑으로 보살폈다. 그러다 전문가를 만났을 때 자신이 항상 죄인 같다고 말했다. 벤이 다른 세계에서 온 게 아닌지 물을 정도로 해리엇의 마음은 심하게 곪았다.

남편 데이비드는 벤을 만나게 된 이유를 찾으려 했다. 생각이 깊어진 나머지 그는 자신들이 행복해지려 해서 벌을 받은 것이라 말하기도 했다. 어떤 문제든 이유를 찾으면 조금이나마 후련해지기에 그런 생각을 하지 않았을까 싶다.

내 삶에 이유를 찾아도 설명되지 않는 일들이 많이 일어난다. 희미하게나마 마음의 안정을 얻기 위해 이유를 짐작하려 한다. 그러나 모든 일에는 뚜렷한 해답이 있는 것이 아니다. 때로는 설명할 수 없는 사건을 그냥 받아들여야 할 때가 있다. 이유를 알 수 없어도 살아내야 하고, 이해할 수 없어도 견뎌야 하는 시간이 있다.

육아로 어려움을 겪는 가족에게 전문가가 해결책을 내주는 TV 프로그램이 있다. 그 프로그램에는 일명 '금쪽이'라 불리는 주인공 아이가 등장한다. 처음엔 아이의 문제라고 생각하기 쉽지만, 알고 보면 이상한 행동을 하는 이유가 부모에게 있는 경우가 더 많았다. 물론, 부모가 최선을 다해 키웠지만 문제를 일으키는 경우도 있었다. 아무튼 그 프로그램을 보면서 정서적으로 불안하고 난폭한 금쪽이가 안쓰러우면서도 무서웠다. 아마 그 어떤 누구도 금쪽이의 삶을 대신 살아보거나 그 가정을 깊숙이 알지 않는 이상, 금쪽이의 행동을 온전히 이해하기 힘들 것이다.

학교에서 문제를 일으킨 금쪽이는 가정에서도 엄마에게 함부로 행동했다. 인상 깊었던 건 모든 장면이 방송으로 공개되자, 같은 학교 학부모들의 시선이 달라졌다는 것이다. 모두가 금쪽이를 피할 줄 알았는데 오히려 학부모들이 금쪽이 엄마에게 도움을 주겠다고 나섰다. 이해되지 않는 행동과 말보다는 그 안에 상처를 보고 다가간 것이다.

내가 모르는 시간을 살아온 금쪽이나 벤에게는 내가 이해하지 못하는 세상이 있을 것이다. 그들이 왜 난폭한 행동하는지 겉으로 드러난 모습만 보고 알 수 없다. 사람마다 견뎌온 삶과 쌓여온 상처가 각기 다르기에 섣불리 판단하기 어렵다. 이해할 수 없는 행동 뒤에는 설명되지 않는 이야기와 아픔이 숨어 있기 마련이다.

난폭한 아이가 내 가족이 아니라 남이면 받아들일 수 있을까. 오히려 가까이하고 싶지 않은 마음에 피할 것이다. 요즘엔 특히 사람들이 손해 보는 일을 극도로 꺼리는 것 같다. 조금이라도 불편하면 불만을 토로하고, 자신에게 도움이 되지 않으면 외면하는 일도 잦다. 사람을 깊이 알아보려 노력하지 않고, 아주 작은 면을 보고 전부라 판단하기도 한다.

물론 내게 좋지 않은 영향을 주고 나를 힘들게 하는 사람과 억지로 관계를 유지하라는 게 아니다. 다만 누군가를 섣불리 판단하지 않고 사정을 이해하려는 태도가 중요하다고 생각한다.

다른 사람의 복잡한 사정과 상처를 이해하려면 많은 시간과 노력이 필요하다. 때로는 사람들이 그 과정을 건너뛰고, 단번에 결론지으려 한다. 모든 일에는 순서가 있고, 시간이 필요하다. 마음을 여는 일도 서로 신뢰감이 있어야만 가능하다.

관계에서 완전한 수평을 이루기란 불가능하다. 내가 상대를 더 좋아할 수도, 상대가 나를 더 좋아할 수도 있다. 상대에게 마음을 강요할 수 없다. 그러니 기운 빠지는 말을 누군가 내게 할 때, 내가 상대 마음을 받아줄 여유가 얼마나 있는지 아는 게 중요하다. 마음이 가는 만큼 자연스레 관심을 주면 된다. 만약 여유가 없다면 단칼에 거절하지 않고 조금씩 거리를 둘 수 있다. 믿음을 주는 일이 단번에 이뤄지지 않는 것처럼 받는 일에도 서두를 수 없다.

남이 내게 힘 빠지게 할 때도 있지만, 생각지도 못할 때 그 사람으로부터 힘을 얻기도 한다. 내가 남에게 기운 빠지는 데에 한몫하는 사람일 수 있고 그게 당신이 될 수도 있다. 인생에서 확신할 수 있는 일은 그다지 없다.

불행으로 이끄는 관계

톨스토이 『안나 카레니나』

"감정적으로 생각 말고 이성적으로 판단해."

다툼이 있을 때 자주 오가는 말이다. 감정이 과해지면 판단력이 흐려질 수도 있다는 의미다. 누군가는 감정이 격해지면 화를 조절하지 못하거나 비도덕적인 행동을 하기도 한다. 그만큼 감정을 다스리는 일은 쉽지 않다.

감정은 있는 그대로를 느끼는 것이지만, 설명할 언어를 찾지 못해 "그냥 기분이 좀 그래."라고 표현할 때가 있다. 평소 감정을 자세히 들여다보거나, 구체적인 언어로 말할 기회가 적기 때문이다. 게다가 감정은 단순하지 않다. 분노 속에 슬픔이 숨어 있기도 하고, 불안 뒤에 외로움이 숨어 있기도 하다. 그러면 더욱 이성적인 언어로 표현하기 어렵다.

이성과 감정은 다르다. 생각과 감정도 다르다. 이성은 상황을 분석하고 판단하려 하지만, 감정은 느껴지는 대로 드러난다. 생각은 그동안의 경험과 지식을 기억해 선택한다. 이성과 생각, 감정이 서로 엇갈릴 때 갈등을 겪지만, 이 세 가지를 조율하는 과정에서 자기만의 답을 찾기도 한다.

인간관계가 틀어지는 경우는 대부분 감정에서 비롯된다. 상대가 어떤 생각을 하는지 함부로 추측하거나, 내 진심을 제대로 전달하지 못하면서 갈등이 생긴다. 나조차 내 마음을 정확히 모르니, 다른 사람의 마음에도 공감하기 힘들다. 그저 고개만 끄덕이는 영혼 없는 공감만 할 뿐이다. 스스로의 감정을 이해하면, 불편했던 인간관계가 나아질 수 있다. 상대에게 내 마음을 적절히 이야기할 줄 알면 생각보다 문제 해결이 쉬워진다.

소설 『안나 카레니나』는 부유한 귀족, 안나 카레니나가 주인공이다. 안나는 남편이 아닌 다른 남자 브론스키와 사랑에 빠져 가족을 버렸다. 소설 속에는 안나와 대비가 되는 이성적인 남자 레빈이 등장한다. 키티를 사랑했지만 변변치 않은 직업에 움츠러들었다. 사실 키티는 서로 호감을 가지고 있던 브론스키의 청혼을 기다리는 중이었다. 하지만 브론스키는 안나를 보자마자 사랑에 빠져버렸다. 키티는 결국 자신을 사랑해주는 레빈과 결혼한다.

한때 안나는 죽을 만큼 몸이 아프자 다른 남자와 바람 핀 일을 후회하는 듯했다. 그러나 다시 건강을 회복한 뒤 남편에 대한 기억은 다시 희미해졌고, 오로지 자기 욕망에만 충실했다.

자신의 감정을 잘 조절하지 못하면 불행한 관계를 맺게 된다. 대표적 예가 불륜이라고 생각한다. 불륜의 사전적 의미는 '사람으로서 지켜야 할 도리에서 벗어난 데가 있음.'이다. 나 또한 불륜은 '욕망에 이끌린 불완전한 사랑'이라 생각한다. 불륜을 저지른 사람 중 다수가 스스로 선택한 일임에도 마치 누군가가 자신을 부도덕한 길로 몰아넣은 듯 남 탓을 한다. 눈과 귀를 닫고 스스로 이성적인 척하는 것이다. 오죽하면 '남이 하면 불륜, 내가 하면 로맨스'란 말이 나왔을까.

누구나 감정이 앞섰을 때는 조절이 쉽지 않다. 감정에 지나치게 치우칠 때, 이성은 찝찝함과 죄책감으로 신호를 준다. 그 순간을 잘 포착해야 한다. 이성이 준 기회를 무시하며 마음 가는 대로 따라가면 본능에 충실한 사람이 된다.

안나 역시 본능에 따른 사람이었다. 안나의 남편은 안나가 브론스키에게 마음을 빼앗겼다는 것을 알게 되자, 신에게 벌받을 거라고 경고했다. 안나에게 남편의 경고나 신의 벌보다 두려운 건 오로지 아들이었다. 아들이 자신을 미워할지도 모른다는 생각에 두려워했다. 그때라도 상황을 충분히 되돌릴 수 있었지만, 안나는 욕망을 택했다. 욕망은 달콤하면서도 잔인하다. 순간의 황홀함을 주는 동시에 돌이킬 수 없는 대가를 요구한다.

안나는 자신을 신뢰하지 못하니 남까지 의심하며 흔들었다. 브론스키가 다른 여자를 만나지는 않을지 의심하고 질투했다. 자신의 마음을 통제하지 못하고 매사에 불안했다.

스스로 불행을 택한 것도 모르고 남 탓을 했다.

그에 반해 레빈은 사랑에 신중했고 배려심이 깊었다. 그는 키티와 결혼하며 성장했다. 그는 새로운 감정에 푹 빠지기보다 한 걸음 물러서서 행복을 음미했다. 레빈은 스스로를 이해하고, 삶을 붙들려고 했다. 그가 선택한 사랑은 안정이었다.

사랑은 우리 삶을 흔들기도 하지만 우리를 더 단단하게 만들기도 한다. 안나와 레빈이 사랑을 대하는 태도를 보면 알 수 있다. 레빈은 흔들림 속에서도 자신이 누구며 무엇을 위해 사는지 끊임없이 물었다. 레빈처럼 삶을 주체적으로 살아가야 상대에게 사랑도 잘 줄 수 있는 것이다.

앞으로 내게 일어날 일에 후회를 줄이고 싶다면 그 누구 앞에서도 당당한 선택을 하면 된다. 행복해지는 방법은 어렵지만 불행해지는 방법은 간단하다. 남을 아프게 하고 오로지 자기 자신만 생각하면 된다. 금지된 사랑을 하고 상대를 계속 의심하면 된다. 느껴지는 감정을 계속 무시하면 된다. 삶에서 나를 유리하게 만드는 길은 스스로를 이해하고 건강한 관계를 맺는 것이다.

자신의 감정을 이해하지 못하면 자제력을 잃을 수 있다. 스스로가 어떤 일에 약해지는지 알아야 한다. 그래야 흔들릴 때마다 다시 중심을 잡을 수 있다. 나를 무너뜨리는 것이 무엇인지 알면 쾌락이나 충동에 휩쓸리지 않고 한 걸음 물러설 힘이 생긴다. 스스로를 이해하지 못하면 결국 후회로 가득한 길로 가게 된다.

문제 앞에서 결정을 내릴 때 매번 이성적으로만 판단할 순 없다. 그러므로 문제가 생길 때 이성과 감정을 균형 있게 바라보려는 노력이 필요하다. 실수하더라도 빨리 인정하면 되돌릴 수 있다. 현명한 선택은 이성과 감정을 이해할 때 비로소 가능하다.

그저 갈 길을 가라

셸 실버스타인 『어디로 갔을까 나의 한쪽은』

나는 마음속 불안을 잠재우고 싶었다. 몸이 불편해지고 난 뒤엔 내 곁에 누군가가 있어야 안심이 되었다. 시도 때도 없이 흔들리는 마음을 주체하기 힘들었기 때문이었다. 어쩌면 몸이 불편하더라도 친구가 많다는 걸 사람들에게 보여주고 싶었는지도 모른다. 그때는 누군가 곁에 있다는 사실만으로도 내가 괜찮은 사람처럼 느껴졌다.

혼자 있을 땐 늘 불안하다가도 신뢰하는 친구를 만나면 잠시 기분이 가벼워졌다. 시시콜콜 웃고 떠들면 잠시나마 모든 걱정이 사라졌다. 그러다 집에 돌아오면 늘 공허함이 찾아왔다. 다시 외로워지기 전에 약속을 잡았고, 주변에 사람이 있어야만 마음이 편했다. 연락이 닿으면 안심되었지만, 그 순간이 지나면 또 불안했다.

한 번은 친구가 진심이 담긴 충고를 했다. "사람에게 집착하면 상대가 부담스러울 수 있다."라는 말이었다. 그 순간 낯선 감정이 들었다. 마음 한켠이 씁쓸하면서도 묘하게 가벼워지는 느낌이었다. 그동안 나는 내가 더 잘하면 되는 줄 알았다. 그러나 착각이었다. 오히려 상대에게 잘할수록 점점 멀어지는 기분이었다. 더 잘해야 된다는 생각에 나는 더 많은 것들을 베풀었다. 먼저 연락하거나 선물을 챙겨줬다. 주는 기쁨으로 끝날 줄 알았지만, 은근히 돌아오길 기대했다. 기대가 충족되지 않아 서운했고, 그제야 친구 말이 떠올랐다. 집착은 결국 나를 더욱 고립시키는 일이라는 것을 조금씩 알게 되었다.

나는 불안함을 잠재우기 위해 상대를 지나치게 의식하고 있었다. 나의 문제를 상대에게서 해결하려 하니 관계가 자연스럽게 흐르지 않았다. 오히려 불안이 더 커졌다. 가만히 지켜보니 불안한 이유는 외로움 때문이었다. 그동안 나는 사람을 좋아하고, 상대방에게 큰 기대가 없다고 생각했다. 내 마음을 잘 파악하지 못한 것이다. 생각과 달리 나는 사람들의 사소한 행동과 말에 자주 실망했다. 서운함을 감추려고 할수록 힘들었다. 사람들에게 인정받고 싶었고 사랑받고 싶었다. 문제는 상대방이 아니었다. 바로 나 자신이었다. 나의 부족함과 공허함을 다른 사람을 통해 채우려고 했다. 원할수록 가질 수 없었고 불안감은 더욱 커져만 갔다.

쉘 실버스타인의 『어디로 갔을까 나의 한쪽은』은 이가 빠진 동그라미가 자신의 잃어버린 다른 부분을 찾기 위해 여행을 떠나는 이야기다. 자신의 부족한 부분을 채워줄 조각을 찾아 바다를 건너고, 산을 넘고, 사막을 지나며 다양한 만남을 한다. 긴 여행을 하다가 자신과 꼭 맞는 조각을 만나게 된다. 조각을 맞추니 완벽한 동그라미가 되어 기뻐하며 노래한다. 그러나 기쁨은 잠시, 어렵게 찾은 다른 조각이 말했다. "나는 그저 하나의 조각일 뿐이고, 그대의 조각만은 결코 아니오." 라고. 다른 조각을 찾기 위해 긴 여행을 떠나온 주인공은 허망함에 온 힘이 빠졌다.

나는 인간관계뿐만 아니라 사랑에 관해서도 오해하고 있었다. 내가 "넌 나의 반쪽이야."라고 말하더라도 상대는 아닐 수 있는데, 반드시 나와 같은 마음일 거라고 멋대로 추측했다.

누군가를 사랑할 때 상대와 내가 비슷하다고 느끼면 상대도 나를 좋아해 줄 거라 기대했다. 나와 같은 마음이기를 바라곤 했다. 혼자 끼워맞추며 상대와의 연결고리를 만들어 외로움을 덜고 싶었는지도 모른다.

대부분 사람과의 갈등은 너무 가깝거나 멀 때 생긴다. 잡을수록 멀어지는 게 사람이다. 대부분의 사람은 자신의 고유한 공간이 침범당하는 걸 원치 않는다. 그러니 무작정 잘한다고 해서 좋은 관계가 이어지는 것이 아니다.

인간관계는 복잡하고 예측할 수 없기에 이론으로 배우기 어렵다. 관계가 틀어지면 나에게서 이유를 찾곤 하지만, 사실 처음부터 상대와 나는 잘 맞지 않는 성향이었을 수도 있다. 게다가 상대는 처음부터 나와 다르게 느꼈을지도 모른다.

얼마 전 감기로 몸이 심하게 아픈 적이 있었다. 몸이 아프니 오로지 통증에만 집중되었다. 그 덕분에 깨달았다. 그동안 머리 아프게 고민했던 일들이 아주 사소한 일에 불과했다는 것을. 감기에 걸렸다고 해서 죽음까지 생각하며 불안해하지 않는다는 걸 알았다. 사람 사이에서도 마찬가지다. 사사로운 것에 연연하기보단 필요에 따라서는 적당한 거리를 유지하며 내 갈 길을 가면 된다.

주인공 조각은 모자람을 채워줄 한쪽을 찾아 떠나는 길이 행복했지만, 누군가를 만날수록 실망이 커졌다. 오로지 목적을 위해 달렸기에 스스로 즐길 수 있는 것들을 보지 못하고 불안해했다.

그 과정에서 자신이 원해도 다른 조각이 원하지 않는다면 아무 소용없다는 걸 알았다. 주인공 조각은 원했던 상대방에게 거절당하며 진정한 사랑을 배우게 되었다. 한쪽의 간절함만으로는 마음이 이어질 수 없었다. 자신이 맞추면 된다는 일방적인 강요도 사랑이 될 수 없었다.

주인공은 그 후 또 다른 조각을 만났고 예전과는 다른 태도로 대했다. 무작정 상대에게 다가가기보다 상대가 나와 같은 마음인지 먼저 확인하려 했다. 사랑을 확인받고 마침내 꼭 맞는 조각과 사랑을 이뤄 행복해질 거라고 생각했다. 그러나 이번에도 기대했던 완벽함이 아니었고, 오히려 새로운 불편함이 찾아왔다. 동그라미 모양이 제대로 갖춰져 굴러가는 속도가 빨라지니 예전처럼 자유롭게 노래할 수 없었다.

주인공은 깨달았다. 사랑은 완벽한 조각을 찾는 것이 아니라, 서로 다른 속도와 모양을 가진 존재가 함께 균형을 맞춰가는 과정이라는 것을. 오히려 긴 여정 속에서 수많은 조각과의 만남이 자신을 더 깊이 이해하게 만든 것을 말이다.

나와 잘 맞는 사람을 만나는 게 행복의 중요한 요건은 아니다. 누군가와 함께 있다는 사실이 나를 증명해주는 것도 아니다. 혼자서도 단단히 서 있을 수 있을 때 비로소 건강한 관계를 맺을 수 있다. 그렇게 자기 자신을 잃지 않고 누군가와 나누는 순간에야말로 진정한 사랑에 가까워진다.

외로움은 어떤 것으로도 완전히 해소할 수 없는 감정이다. 친구가 많다고 해소되는 것도 아니다. 그러니 누군가가 내 공허함을 채워주길 바라기보다 오히려 스스로 외로운 마음을 잘 다스리는 연습을 해야 한다. 살아가면서 외로움은 필연적이다. 언제든 함께 갈 수 있는 자연스러운 감정이다.

나는 이제 친구를 자주 만나지 않아도 불안하거나 외롭지 않다. 내게 집중할 수 있는, 혼자 있는 시간이 오히려 좋다. 좋아 보이는 사람을 애써 붙잡지 않고, 자연스럽게 스쳐 가는 인연에도 고마움을 느낀다. 주인공 조각이 자신의 짝을 찾아 나서는 즐거운 여행처럼.

삶에서 겪는 경험들은 온전히 내가 되는 과정이다. 때로는 큰 욕심 없이 목표대로 갈 길을 갈 때 원하는 사람을 만날 수 있다. 그저 갈 길을 가다가 좋은 사람을 만나면 만나는 대로, 아니면 아닌 대로 흘려보내면 된다.

대화가 힘든 이유,
T 잘못이 아니다

손원평 『아몬드』

대화를 하다가 쉽게 공감하지 않는 사람을 보면 다짜고 짜 "너 T지?"라고 묻는 사람이 있다. 그들은 마치 공감하지 않는 건 잘못된 태도라는 듯이 다그친다. 그 말을 들은 사람은 혼이라도 난 듯 시무룩해진다. MBTI가 언제부터 우리 삶에 이렇게 깊숙이 들어온 걸까. 누군가 무섭게 다그치는 모습을 보면 당혹감이 든다. 우리는 서로 다른 방식으로 세상을 바라보는 사람이지만, 그 다름이 틀림을 의미하지는 않는다.

MBTI에서 T는 감정형인 F와 대비되는 사고형이다. T의 특징은 어떠한 결정을 내리거나 의견을 말할 때 논리와 객관성을 중요하게 생각한다는 점이다.

사람은 MBTI로 나오는 16가지의 유형보다 훨씬 더 복잡하다. 그러므로 사람을 하나의 유형으로 결론지을 수 없다. 때로는 내향적이면서도 외향적인 면을 가질 수 있다. 어떤 상황에서는 감정적으로, 다른 상황에서는 논리적으로 반응할 수도 있다. 문제는 MBTI에 기대어 섣부른 판단을 할 때 생긴다.

"나는 F라 눈물을 잘 못 참아서 문제야."

"너는 T니까 감정이 메말랐지."

이런 말들은 나와 상대를 이해하는 데 도움이 되기는커녕 오히려 한계를 만들고, 관계를 단절시킨다.

책 『아몬드』의 주인공 소년 윤재는 편도체가 선천적으로 작아 감정을 느끼거나 표현할 줄 모른다. 엄마와 할머니의 사랑을 받고 살던 어느 날, 그의 삶이 산산이 부서지는 사건이 일어난다. 열여섯 번째 생일날 묻지마 칼부림 사건으로 할머니는 세상을 떠나고, 엄마는 식물인간이 된다. 그는 눈앞에서 참혹한 장면을 목격했지만 아무 감정을 느끼지 못한다. 대신 머릿속에 여러 질문이 맴돌았다. '그 남자는 왜 그랬을까? 왜 누군가가 나서서 도와주지 않았을까?' 여러 번 상황을 되짚어 보아도, 자신에게 닥친 상황을 이해할 수 없었다.

할멈은 영혼과 육신이 모두, 엄마는 껍데기만 남은 채로. 이제 내가 아닌 누구도 두 사람의 인생을 기억하지 못할 거다. 그러므로 나는 살아야 했다.

손원평 『아몬드』 p.70

윤재는 감정을 느끼지는 못하지만, 그 감정의 무게만큼 삶의 의무감을 느꼈다. 사랑하는 할머니와 엄마의 기억을 온전히 간직하고, 그들 몫까지 살아가야 한다고 다짐했다. 이해할 수 없는 일 속에, 답이 없는 질문 속에서도 자신만의 길을 만들려 했다.

윤재가 아무리 느끼지 못한다고 해도 눈앞에 일어난 큰일을 대수롭지 않게 넘기기는 힘들었다. 측은하게 자신을 바라보는 사람들의 시선이 자꾸 의식되었다. 윤재는 "내가 뭘 도와야 할까?" 하는 선생님의 질문에 괜찮다고 답했다가 곧 후회했다. 사실 괜찮지 않았는데 거짓말을 한 것이었다. 그는 오히려 타인의 관심을 부담스러워했다. 같은 학교 친구들은 마치 아무 일도 일어나지 않은 듯 행동하는 윤재에게 일부러 가족이 죽었을 때 기분이 어땠는지, 짓궂은 질문을 했다. 감정을 느끼지 못해 윤재가 상처받지 않을 거라고 무시했다. 윤재는 덤덤하게 답했지만, 마음 한켠은 무겁게 눌려 있었다.

상처는 반드시 감정을 통해서만 생기지 않는다. 말 한마디, 눈빛 하나에도 마음이 흔들릴 수 있다. 윤재는 할머니와 엄마와의 기억을 붙들고, 설명할 수 없는 마음과 이해받지 못하는 외로움을 견뎠다.

어느 날, 윤재 앞에 곤이라는 거칠고 공격적인 친구가 나타난다. 윤재와는 다르게 곤이는 감정을 주체하지 못해 분노하거나 고통스러워한다. 서로는 너무 다르지만 이해하려 애쓰기보다 있는 그대로를 받아들이는 법을 배워간다. 윤재는 곤이를 통해 내면의 다양함을, 곤이는 윤재를 통해 멈추고 생각하는 법을 배운다. 윤재는 자기 곁에 있어준 것만으로 곤이에게 고마움을 느꼈다. 그래서인지 윤재는 희생까지 감수하며 곤이를 위험으로부터 구해주기도 했다. 이들은 감정을 직접적으로 표현하기보다는 서로의 방식으로 사랑을 나눴다. 윤재와 곤이의 관계는 우리가 흔히 오해하는 T형과도 닮았다. 둘은 다정한 말보다는 상황을 해결하거나 논리적으로, 전략적으로 보여주는 사람들이었다.

때로는 관계에서 갈등이 누군가의 잘못된 말과 행동이 아닌, 나의 잘못된 해석에서 오는 경우가 있다. 나의 피폐한 마음이 상대의 말과 행동을 비틀어 보게 만든 것이다. 내 식대로 상대의 기분을 판단하고 해석한다. 상대의 차가운 말투가 나를 무시한다거나 나를 귀찮아하는 걸로 오해할 때도 있다. 알고 보면 내가 예민하게 반응했을 뿐, 누군가가 나에게 상처 준 게 아니었다. 다만 내가 흐린 시선으로 세상을 보았을 뿐이었다. 상대의 행동을 해석하려 하기보다 이해하려 한다면 오해하는 일이 줄어들 것이다. 혹시 이해가 안 된다면 상대의 감정을 직접적으로 물을 수도 있고, 어떤 때는 기다림이 필요할 수도 있다.

T 유형의 사람이 울고 있는 사람에게 공감하기보다는 "왜 울어?"라고 묻는 건 상황을 이해하고 싶기 때문이다. "네가 그렇게 느꼈다면 어쩔 수 없지."라는 말도 공격이 아닐 수 있다. 상황을 받아들이고 상대가 더 이상 힘들지 않았으면 좋겠다는 의미일 수 있다. 그들은 공감을 못 하는 게 아니라 상황을 바로 보고 느끼는 게 중요한 사람이다.

세상엔 감정이 풍부한 사람들만 있지 않다. 그들과 다르게 조용히 상황을 바라보고 상대를 이해하려는 사람도 함께 살아간다. 누군가는 눈물을 흘리며 마음을 건네고, 누군가는 눈물의 이유를 물으며 곁을 지킨다. 사랑을 말하는 방식이 다를 뿐이다.

"한 가지 질문에도 백 가지 다른 답이 있는 게 이 세상이란
나. 그러니까 내가 정확한 답을 주기는 어려워."

윤재는 자신이 감정 없이 평생을 살아가게 될까 봐 불안했다. 앞으로의 삶을 고민하는 사람에게는 답이 없다는 자체가 두려움일 수 있다. 정답을 알면 어느 정도 마음을 놓게 된다. 하지만 세상은 언제나 명확하지 않고, 마음은 수학 공식처럼 풀리지 않는다. 모든 사람은 불완전하고 자신 또한 다른 방식으로 살아야 한다는 사실을 윤재는 점차 받아들이게 된다.

T라서 감정에 무심하지도, F라서 비논리적이지도 않다. 둘 다 관계에 진심이지만 방식이 다를 뿐이다. MBTI는 자신을 이해하는 용도로 사용하는 게 가장 좋다. 스스로에게 한계를 두지 않고 어떤 면엔 관심이 있고, 어떤 면엔 다르다는 걸 인식해야 한다.

중요한 건 유형이 아니라 마음의 방향이다. 윤재와 곤이가 그랬듯 우리가 서로를 이해하려는 마음을 잃지 않는다면, T든 F든 진심은 통하게 되어있다. 상대를 안다고 생각하며 내가 가진 틀에 가두면 섣부른 결론을 짓게 된다.

내가 이 정도로 T 성향을 대변하면 이 글을 읽는 누군가는 '혹시 작가가 T아닐까?'라고 생각할지도 모른다. 나는 F지만 어떤 유형에 상관없이 사람의 마음을 이해하는 과정이 늘 쉽지 않다는 걸 말하고 싶다.

우리는 모두 다르다. 이해할 수 없는 다름으로 인해 때로 멀어지기도 하지만 동시에 더 깊이 연결되기도 한다. 사람과 사람 사이를 이어주는 건 어떤 유형이나 설명이 아니다. 상대를 향해 머무는 태도다.

나는
사랑이

제일 어려웠다

내 감정은
내가 선택해

샬럿 브론테 『제인에어』

자신의 감정을 남에게 표현하면 두 가지 마음이 교차한다. 후련함과 찝찝함. 후련함은 내 안의 무거운 짐을 내려놓았다는 데서 오고, 찝찝함은 내 표현이 상대에게 어떻게 받아들여졌을지 알 수 없는 불안에서 비롯된다. 예전에는 감정표현이 무조건 좋은 일이라고 여겼지만 지금은 아니다. 감정을 드러낼 때 적당한 선을 지켜야 한다는 것을 이제는 잘 안다. 내 마음 편하자고 느껴지는 대로 모두 쏟아내면 상대가 불편할 수도 있다.

몇 년 전, 핸드폰이 고장 나서 수리를 맡겼다. 한 시간 후 찾으면 될 정도로 간단한 수리였다. 얼마 뒤 찾으러 가니 며칠이 더 걸린다고 했다. 갑자기 이상이 없던 다른 곳이 작동되지 않는다고 했다. 혹시 수리할 때 실수하신 건 아닐까 싶어 물으니 내부적으로 알아봐야 한다는 두루뭉술한 대답이 돌아왔다.

"여기서 실수를 하신 거면 사과가 먼저 아닌가요?"

"죄송하고요. 그러니 저희가 알아본다고 한 거잖아요."

나는 직원의 태도에 화가 났다. 처음부터 직원이 실수했고 잘못했다고 하면 끝날 일이었다. 서로 큰 소리가 오갔다. 너무 흥분해 내 의사를 정확히 전달하기보다 좋지 않은 말이 먼저 나왔다. 내가 흥분한 만큼 상대도 지지 않고 화를 냈다. 당시에는 부당한 처우에 정당하게 화를 낸 거라 여겼지만 집으로 돌아오는 길에 후회가 밀려왔다. 속이 체한 것처럼 답답하고 울렁거렸다. 감정을 쏟아냈지만 오히려 더 꼬여버린 느낌이었다.

그때 나는 새로운 깨달음을 얻었다. 부당한 일에 화가 나더라도 차분히 생각하고 말하는 연습이 나에게 필요했다. 그

리고 감정을 바로 쏟아내는 것만이 답이 아니라는 것도 알
게 되었다.

소설 『제인에어』의 주인공 제인은 감정 표현을 숨기지 않
는 사람이다. 그녀는 어린 시절 부모님을 잃고 외삼촌 집인
게이츠헤드 저택에서 외숙모와 사촌들과 자랐다. 사촌들은
제인을 수시로 괴롭혔다. 제인은 매번 그 괴롭힘을 참아냈
지만, 한번은 분노를 참지 못하고 반격해 몸싸움을 하게 되
었다. 외숙모는 제인만을 방에 가뒀고 결국 제인은 폭발하
고 말았다.

처음으로 복수하고 난 뒤의 감정이 어떤지 맛보았다. 그것
을 처음 삼켰을 때는 따뜻하고 향긋하지만, 마신 다음에는
쇠 맛이 나고 건강에 해로운 향기로운 포도주 같았다. 독
약을 마신 기분이었다.

샬럿 브론테 『제인에어』 p.52

제인은 스스로 뱉은 말이 독약 같다고 느꼈다. 흥분해서 쏟아냈지만 마음이 편치 않았다. 상대방에게 불편한 마음을 솔직하게 드러낸다고 해서 상대가 마음을 완벽히 이해해주거나 자신의 잘못을 인정한다고 장담할 수 없다. 하지만 마음을 표현하는 일은 중요하다. 다만, 흥분하지 않고 차분하게 정확히 표현해야 상대에게 제대로 가닿을 수 있다. 느껴지는 대로 표출하면 후회할 확률이 높아진다. 충동적으로 부풀려져 상대에게 잘못 전달될 가능성이 커지는 것이다. 자신의 마음을 잘 관찰하고 이해해서 충동의 웅덩이에 빠지지 않도록 해야 한다.

감정 표현이 중요하듯이 마음이 갈 곳을 잃을 때 스스로 선택할 수 있어야 한다. 제인은 로우드 기숙사에 지내다가, 손필드에서 가정교사로 일하게 된다. 전보다 가난한 환경이었지만 스스로 선택하며 살아가는 게 좋았다. 제인에게 돌파구가 된 건 책과 친구였다. 책은 이해할 수 없는 자신의 어려운 상황을 달래주는 안식처였다. 아픔을 안고 있기보다는 책을 읽고 친구를 만나며 내려놓았다.

환경이 어떻든 스스로의 삶을 선택하며 나아간다면 적어도 후회가 줄어들 수 있다. 비록 결과가 완벽하지 않더라도 그 과정에서 얻는 경험과 깨달음은 온전히 내 것이 된다. 제인이 스스로의 삶을 이끌어가는 이야기는 책에서 여러 번 등장한다. 어느 날, 제인은 예상치 못하게 작은 아버지에게서 2만 파운드를 상속받았다. 나는 그 후 제인의 인생이 술술 풀리거나 풍족하게 살았다는 결말을 기대했지만 전혀 아니었다. 그녀는 사촌들과 유산을 나눴다. 제인은 처음엔 유산이 부담스러웠지만 나눠줌으로 '생명과 희망, 즐거움'을 느꼈다.

제인에겐 과거의 상처가 삶을 지배하지 않았다. 어린 시절에 그토록 외사촌들에게 미움을 받았지만 자신은 가난한 다른 사촌들에게 베풀었다. 가정교사로 일하면서도 가르치는 아이에게 따뜻하게 대했다. 그녀에겐 자신에게 상처 준 사람을 원망하고 복수하는 것보다 현재를 충실히 사는 게 중요했다.

제인은 로체스터를 만나 사랑에 빠져도 당당히 결혼하기 힘들다며 상황을 스스로 이끌어갔다. 제인은 이미 결혼한 로

체스터에게 아내가 있다는 사실을 뒤늦게 알게 되어 그의 고백을 과감하게 뿌리쳤다. 돈이나 남자에게 의지하기보다는 자신의 삶을 스스로 택하는 모습을 보였다.

'내가 나 자신을 소중히 여길 거야. 고독하고 벗도 없고 의지할 데가 없을수록 더욱더 나 자신을 존중할 거야.'

샬럿 브론테 『제인에어』 p.463

부정적인 감정은 택하지 않아도 오래도록 남는다. 시간이 흘러도 돌아보면 같은 자리에 머물러 커져 있을 때가 있다. 잊었다고 여겨도 불현듯 다시 떠오르고, 깊은 상처로 남아 있기도 하다. 오래도록 상처로 남지 않으려면 감정을 다스리는 자기만의 방법을 찾아야 한다. 분노가 과해지면 인간관계를 해치고, 슬픔을 누르기만 하면 마음에 병이 생긴다. 감정마다 표현 방식이 다르다. 흥분될수록 느껴지는 것보다 적게 표현하고, 가라앉을수록 오히려 더 말로 풀어내야 한다. 다른 사람의 감정을 이해한다고 해도 내가 가진 기준으로는 알 수 없을 때가 있다. 그렇기에 타인을 이해하기 전에 내 감정을 먼저 들여다보는 연습이 필요하다. 내 감정을 잘 알게 되면 적절히 선택할 수도 있다.

언제 어디서 불쑥 튀어나올지 모르는 감정을 관리하는 일은 쉽지 않다. 뜻하지 않게 쏟아내고 나면 다시 쓰디쓴 독약 같은 포도주를 마신 듯한 씁쓸함이 남을지도 모른다. 그렇다고 두려워할 필요 없다. 우린 실수하고 다치면서 자기만의 적절한 감정 온도를 알아간다.

감정을 선택하고 조절하는 일은 평생 이어지는 배움이다. 조금 서툴러도 괜찮다. 때로는 표현 방식에서 실수도 하고, 휘둘릴 때도 있을 것이다. 중요한 것은 그 느낌에 매몰되지 않고 두려워하지 않는 태도다.

기쁨이든 슬픔이든, 분노든 두려움이든 밀어내지 않고 있는 그대로 마주할 때 짐이 아닌 길잡이가 된다. 감정을 느끼는 것은 살아 있다는 증거다.

사랑의 걸림돌

제인 오스틴 『오만과 편견』

나는 사람의 성향을 잘 파악하는 편이다. 그래서인지 학창 시절, 친구들의 연애 상담을 많이 했다. 친구들은 내가 조언 한 대로 하면 문제가 수월하게 풀린다고 했다. 오랜 시간 내 나름의 내공이 쌓이다 보니 이야기만 들어도 한 번도 보지 못한 사람을 마치 잘 아는 것처럼 느낄 정도였다. 직접 만나 서 이야기를 나누면 더욱 파악이 빨랐다. 말투와 표정, 행동 을 자세히 관찰하고, 어떤 주제에 흥분하는지 혹은 눈빛이 반짝이는지를 금방 알아차린다. 그중에서도 상대방을 얼마나 배려하는지가 중요한 관찰 포인트다.

　자세히 들여다보아도 상대의 성향을 가늠하기 힘들 때가 있다. 누구나 처음엔 겉모습을 얼마든지 꾸며낼 수 있다. 예의 바른 태도, 미소와 공감은 얼마든지 연습할 수 있다. 하지만 시간이 지나면 각자 본래의 기질이 드러나기 마련이다. 물론 시간이 흘러도 한결같은 모습을 보이는 사람이 있다. 사소한 상황에서도 배려가 묻어나고, 불편한 순간에도 남을 존중하려는 마음이 드러난다. 사람의 성향은 말과 행동의 연속성으로 나타난다. 그래서 누군가를 제대로 알기 위해 성급한 판단보다 인내와 기다림이 필요하다.

　사람의 성향을 잘 파악하는 건 나의 장점이지만 단점이 될 때도 많았다. 단 몇 시간을 만나서 상대가 걸어온 세상을 짐작하기란 어려운 일이다. 나는 오래도록 사람은 입체적이라는 사실을 망각했다.

　한 번은 호감 가는 사람에게 나도 모르게 "넌 이런 사람이구나."라고 추측했다. 상대는 웃으며 넘겼지만, 그 말이 선을 넘었다는 걸 뒤늦게야 알았다. 다른 친구를 통해 내 언행이 마치 자신을 평가하는 듯하게 느껴져 기분이 그리 좋지 않았다는 이야기를 들었다. 내가 호의로 건넨 말이 상대에게는 평가받는 것처럼 들린 것이다. 그 이후 설령 누군가를 어느 정도 파악했다는 확신이 들어도 섣불리 말을 건네지 않았다. '나는 너를 잘 알아.'라는 말보다 '내가 너를 더 알고 싶다.'라는 말이 관계를 시작할 때 더 유리하다는 것을 깨달았다. 그리고 상대를 안다고 믿었던 것들이 사실은 아주 일부거나, 틀릴 수도 있다는 것을 알게 되었다.

내가 상대를 잘 파악한다는 확신은 잘못된 습관에서부터 비롯되었다. 첫 만남부터 '저 사람은 이런 성향일 거야.'라고 마음속으로 정하고 내가 원하는 대로 대화를 이어갔다. 마치 정답이 정해져 있는 시험지를 들여다보듯 상대의 말과 행동을 내 기준으로 해석했다. 어떤 사람인지 알려고 하기보다 내가 만든 이미지에 가둔 채 관계를 이어갔다. 편견으로 덮인 눈으로 상대를 바라보니 있는 그대로의 모습을 볼 수 없었고, 상대를 알고 싶은 마음도 사라졌다.

『오만과 편견』은 19세기 영국을 배경으로 한 로맨스 소설이다. 엘리자베스 베넷과 부자 윌리엄 다씨의 관계에서 오만과 편견이 일어나는 내용이다.

주인공 엘리자베스 베넷과 나는 닮은 구석이 있다. 그녀는 사람을 조금만 봐도 많은 부분을 파악한다고 믿는다. 그리고 상대를 잘 안다는 오만함으로 스스로의 발목을 잡는다. 엘리자베스 주변에 다씨라는 남자가 나타났다. 엘리자베스는 다씨가 자신을 무시한다고 여겼고 태도가 오만하다고 생각했다.

엘리자베스가 다씨의 오만함을 굳게 믿게 된 데에는 위컴의 영향이 컸다. 위컴은 자신을 좋은 사람으로 포장했고, 다씨를 나쁜 사람으로 몰았다. 엘리자베스는 위컴 말을 믿고 다씨를 이상한 사람이라 여겼다. 다씨 입장에서 엘리자베스와 가까워지려 한 행동이 오히려 엘리자베스에게는 거부감이 들게 했다. 한 사람 이야기만 들으면 상대가 큰 잘못을 저질렀다고 착각하기 쉽다. 사정을 듣기 전에 결과만 보고 비난하기도 한다. 때로는 진실을 알려고 하지 않고 내가 보고 들은 것만 믿으려 든다.

나는 학창 시절 친구들과 만나면 남 이야기를 자주 했다. 남의 연애사부터 가정사까지 나누며 시간 가는 줄 몰랐다. 그때만큼 집중력이 좋았던 적이 또 있었던가 싶다. 참 철이 없었다.

그땐 몰랐다. 지나 보니 나와 연관이 있지도, 정확하지도 않은 애매한 이야기였다. 엘리자베스와 다씨의 이야기를 다시 떠올리면, 내가 겪었던 철없던 순간이 자연스레 떠오른다. 그때의 나는 사람을 이해하기보다 흥미와 호기심이 앞섰다. 남의 이야기를 주고받으며 나름대로 분석하고 판단하며 내 상상과 편견이 현실을 대신한 것이다. 시간이 지나서야 내가 얼마나 섣부른 결론에 의존했는지 깨닫고 후회했다.

엘리자베스 또한 나중에 자신의 편견으로 다씨를 미워한 걸 알고 후회했다. 누구나 실수와 잘못을 저지를 수 있다. 중요한 건 지신의 잘못을 인정하는 용기다.

나는 상대의 장점보다는 단점이 먼저 보였다. 상대가 어떤 사람인지 모르고 먼저 조심하고 거리를 두었다. 스스로 상대를 빨리 파악해야 시간 낭비하지 않는다고 여겼다. 그러니 쉽게 친해지지 못하고 멀어진 경우가 많았다. 상대를 알아가는 시간을 두지도 않은 오만함이었다.

다씨는 처음엔 엘리자베스를 오해했지만 곧 오만함을 버렸다. 태도를 바로잡고 있는 그대로의 모습에 빠져들었다.

사랑은 종종 예고 없이 찾아오고, 마음으로 재지 않는 데에서 시작되기도 한다. 내가 관심이 가는 사람에게는 이유를 찾기보다 먼저 마음이 움직인다. 그 사람의 말투나 사소한 행동 하나에도 설명할 수 없는 끌림이 생긴다. 처음엔 눈에 보이는 그대로를 보고 사랑하지만 시간이 갈수록 자기식대로 판단해 상대가 변했다고 오해하기도 한다. 그러나 상대가 원래 가진 성향을 내가 몰랐을 뿐, 변한 게 아닐 것이다. 사랑은 상대를 바꾸는 일이 아니라, 내가 몰랐던 모습까지 알아가는 과정이라는 걸 나중에서야 알았다.

편견은 관계를 흐리게 만든다. 서로 가까워지려면 시간과 노력을 들여 상대의 진면모를 알아가야 한다. 나의 오만으로 한 사람을 단정 짓고 미워하는 건 순식간이다. 때로는 아무 힘을 들이지 않고 상대의 깊은 마음까지 들여다보려 한다.

그러나 처음부터 상대를 완벽히 이해하는 건 불가능하다. 서로에 대해 실망하더라도 진심을 읽으려고 노력한다면 사랑은 계속 이어질 수 있다. 관계를 지키는 힘은 완벽함이 아니라 불완전함을 끌어안으려는 마음에서 나온다.

누구나 나와 다른 점이 있다. 서로에게 다른 생각과 행동이 얼마나 중요한지 고민해야 한다. 관계에서는 다름을 알고 받아들이는 시간이 필요하다. 섣부른 판단은 실수를 부른다. 편견은 사랑의 걸림돌이다. 반면 편견을 인정하는 순간, 우리는 사랑에 한 걸음 더 가까이 다가갈 수 있다.

나의 꿈엔
누군가의 희생이 있다

멜빈 버지스 『빌리 엘리어트』

나는 어린 시절에 꿈이 없었다. 그래서인지 주위 친구들이 꿈을 꾸고, 그 꿈을 이루기 위해 노력하는 모습이 대단하게 보였다. 고등학교 시절, 무용을 하던 친구가 있었다. 친구는 내가 공부할 때나 놀 때도 성실히 연습했다. 결국 그녀는 오래전부터 해외로 나가 선교 단체에서 자신의 분야를 살려 일하고 있다. 그녀의 꾸준함과 열정이 하고 싶은 일로 이어진 것이다.

학창 시절 공부를 그리 열심히 하지 않은 것에 대한 후회는 없다. 만약 그때로 돌아간다 해도 똑같을 것이다. '공부 대신 다른 무언가에 몰두했다면 어땠을까.' 하는 아쉬움은 남는다.

누구나 재능을 알아차리기란 쉽지 않다. 재능을 알아차린다고 하더라도 돈과 시간, 노력이 많이 들어가기에 시작조차 못 하는 사람들도 많다. 나는 항상 재능이 없고, 하고 싶은 게 없다고 생각했다. 내가 무엇을 시작한다고 해서 남들보다 잘할 수 있을 거라는 자신이 없었다. 내게 부족한 것은 노력이 아니었다. 단지 시작할 용기가 없던 거였다.

책 『빌리 엘리어트』는 영국의 탄광 산업이 적자를 입어 경제 상황이 침체되었던 시기를 배경으로 한다. 주인공 빌리의 아버지는 광부였지만 파업 중이라 일을 못 하는 상황이었다. 빌리는 돈이 없는 상황에서 발레를 하고 싶었다. 그 당시 빌리의 꿈은 현실과 너무나 동떨어진 일이었다. 아버지가 허락해주지 않을 것 같았고, 허락하더라도 오디션에 통과할 자신이 없었다. 그러나 빌리가 가장 두려웠던 건 희한하게도 앞으로의 모든 일이 잘 풀리는 것이었다.

그처럼 무언가를 위해 노력하는 게 무서웠다. 생각한 대로 일이 잘되면, 그래서 오디션을 통과하면, 그 다음엔 어떡하지? 혹시라도 아빠가 허락한다면 그땐 또 어떡하지?

멜빈 버지스 『빌리 엘리어트』 p.136~137

빌리에게 춤은 즐거운 일이었지만 어느 순간부터 꿈을 이루기 위해 노력해야 하는 두려움으로 변했다. 그는 잘되고 나서 무엇을 해야 할지 몰라 막막해했다. 어쩌면 발레를 반대하는 아버지의 마음을 돌릴 자신이 없어서 자기변명을 한 것일지도 모른다.

이처럼 재능은 어떤 이에게는 선물이 되기도 하고, 절망이 되기도 한다. 재능이 있다고 해서 모든 것이 쉽게 주어지지 않는다. 재능보다 더 중요한 건 노력하는 자세와 자신에게 주어진 기회를 감당해내는 용기이다.

주위의 친구들 몇 명이 예술 분야로 갔지만 그중 전공을 살려 일하는 사람은 없다. 누군가는 헛돈을 썼다고 생각할지 몰라도 내 생각은 그렇지 않다. 하나의 분야를 파고든 사람은 그 깊이를 안다. 훈련을 거듭하며 하나의 결과가 나오기까지 얼마나 큰 노력이 들어가는지 안다. 그 과정에서 주변 사람들이 얼마나 큰 도움을 줬는지도 잘 알고 있다. 하나의 분야에서 최선을 다해본 사람과 그렇지 않은 사람은 분명 다르다.

"글 쓰는 거 돈이 안 되잖아. 그래도 계속할 거야?"

주변으로부터 종종 듣는 질문이다. 예술은 배고픈 삶이라지만 현실적으로 생활이 유지되지 않으면 계속할 수 없다. 언제 작가로 이름을 알릴지, 돈을 벌지 알 수 없다. 그럼에도 나는 계속하고 싶다. 가끔 포기하고 싶을 때가 있지만 "잘하고 있다."라는 가족의 말 한마디로 버텨나간다. 결과를 알지 못하지만 글을 쓰며 얻는 배움을 기대하며 나아간다.

성공한 사람들은 스스로 꿈을 이루기 위해 노력하기도 했지만, 그 뒤에 그 꿈을 응원해주는 사람들이 있었다. 그들의 희생은 눈에 보이지 않아서 때로는 당연하게 받아들여지기도 한다. 내게도 보이지 않는 뒷받침이 없었다면 꿈이 실현되기 어려웠을 것이다. 누군가의 묵묵한 응원과 보살핌이야말로 성공의 또 다른 이름일지 모른다.

나는 빌리의 꿈을 간절히 바라면서 동시에 아들을 위한 아버지 재키의 노력에 마음이 갔다. 빌리는 자신의 꿈만 생각하면 되지만 재키는 아니었다. 먼저 세상을 떠난 아내, 어린 두 아들과 정신이 온전치 않은 장모까지 돌보며 우는 것도 지쳐버린 모습에서 힘겨운 마음이 느껴졌다. 재키는 최선을 다했지만 현실이 버거웠다. 그는 아버지로서, 한 남자로서, 모든 것을 감내하고 있었다.

어려운 상황에서도 재키는 빌리를 믿었고, 자랑스러워했다. 빌리의 꿈을 위해 마음을 다잡고 다시 파업 중인 탄광으로 들어갔다. 그의 동료들로부터 '배신자'라 비난받을 것을 뻔히 알면서도 갔다. 오직 빌리를 생각하며 버텼다.

재키가 빌리의 꿈을 지원하려고 마음먹은 건 빌리의 간절함과 성실함 덕분이었다. 빌리는 집에서도 쉼 없이 연습했다. 재키는 그의 노력을 외면할 수 없었다. 그러나 현실은 마음처럼 쉽게 따라주지 않았다. 파업은 끝났고 탄광은 폐쇄되었다. 재키는 일자리를 잃었다. 하지만 자신의 선택을 후회하지 않았다.

누군가를 진심으로 사랑하면 그 사람의 꿈을 위해 자신의 삶을 포기하면서까지 감내한다. 빌리 또한 재키의 아낌없는 사랑으로 무대 위에서 빛날 수 있었다.

대신에 우리는 또 다른 미래를 얻었다. 바로 우리 빌리를 위한 미래를. 그건 정말 굉장한 일이다. 그렇지 않은가?

멜빈 버지스 『빌리 엘리어트』 p.254

이 글을 통해 간절히 원하고 노력하면 뭐든 이룰 수 있다는 이야기를 하려는 건 아니다. 늘 그렇듯 하고 싶은 일엔 수많은 장애물이 존재한다. 그 길을 잘 걸어가기 위해서는 나의 노력뿐만 아니라 주변 사람들의 격려와 함께 때론 희생이 필요하다. 물론 누군가의 희생이 반드시 성공으로 돌아온다고 확신할 수 없다. 그럼에도 꿈을 위해 노력하고, 기꺼이 자신을 내어 준 마음은 가치가 있다. 원하는 꿈을 이루지 못하더라도 그 길을 함께 걸어준 사람들의 마음을 헤아려야 한다. 힘든 과정을 함께 견뎌준 이들의 존재는 결과와 상관없이 나를 무너지지 않게 바로 잡아준다.

하나의 분야에서 끝까지 해본 사람은 하나의 가능성을 얻은 것이다. 용기를 가지고 도전했고 고통을 견디며 살아봤다. 시간과 노력이 얼마나 값진지 알고, 사람이 가장 큰 힘이라는 걸 안다. 그래서 실패 앞에서도 쉽게 무너지지 않는다. 넘어져도 다시 일어설 수 있는 힘은 내 꿈을 응원해준 주변인들과 함께 버텨낸 시간으로 유지된다.

모든 일을 결과가 증명해주는 것은 아니다. 내가 하고 싶은 일을 누구와 함께했느냐도 중요하다. 노력한다고 해서 모든 꿈이 이루어지지 않지만 꿈을 향해 나아간 여정은 결코 헛되지 않는다. 꿈은 함께 만들어가는 과정에서 더 값진 의미를 가진다.

어떻게 사랑을 배울까

에리히 프롬 『사랑의 기술』

결혼한 친구와 대화하다가 자신은 비혼을 이해할 수 없다고 말했다. 나는 결혼은 필수가 아닌 선택이라고 생각하기에 왜 반드시 결혼해야 하는지 그 이유를 물었다.

"나중에 나이 들어서 외로우면 어떡해."

친구는 나이 든 사람이 혼자면 처량해 보인다고 했다. 내 생각은 달랐다. 결혼한 사람들은 과연 외롭지 않을까. 부부 사이가 좋으면 외로움을 덜 느낄 순 있어도 완전히 벗어나기는 쉽지 않다고 생각한다.

아직도 우리나라는 결혼 문화에서 남 시선이 중요한 듯하다. 많은 사람이 "결혼은 했어? 만나는 사람 없어? 결혼은 해야지."와 같은 말을 미혼인 사람에게 종종 건넨다. 어떤 이들은 사생활까지 캐묻기도 한다. 더 희한한 건 스스로는 결혼을 후회한다면서도 다른 사람의 연애와 결혼은 적극 장려한다는 것이다.

물론 결혼 후 삶이 더 아름다워지는 사람들도 있다. 언니나 동생 부부를 보면 그들은 내가 느끼지 못하는 감정을 주고받으며 살아가는 듯하다. 기쁨과 슬픔을 나누며 서로를 든든히 지지하는 모습, 아이가 전해주는 감격을 나는 아무리 보고 들어도 온전히 느끼긴 어렵다.

사랑도 결혼도 정답은 없다고 생각한다. 서로 위하는 사람을 보면 아름답다. 반면 혼자서도 당당히 살아가는 사람도 멋지다.

사랑의 사전적 의미는 '어떤 사람이나 존재를 몹시 아끼고 귀중히 여기는 마음'이다. 나는 사랑이 '상대를 아끼는 마음이 지속되는 상태'라 생각한다. 에리히 프롬 또한 일시적으로 심장이 뛰고 설렘은 사랑이 아니라고 말한다. '감정'이 아닌 노력이 필요한 '기술'이라고 한다.

　　사실상 그들은 강렬한 열중, 곧 서로 '미쳐버리는' 것을 열

　　정적인 사랑의 증거로 생각하지만, 이것은 기껏해야 그들

　　이 서로 만나기 전에 얼마나 외로웠는가를 입증할 뿐이다.

　　　　　　　　　　　에리히 프롬 『사랑의 기술』 p.17

　사랑에 빠지면 순간적인 열망과 결핍에 대한 의존이 생기
며 상대가 나를 구해주리라 믿는 순간이 있다. 그동안 자신
이 얼마나 외로웠는지 알게 되는 순간이기도 하다.

　한 번 사랑에 빠지면 모든 걸 다 쏟는 친구가 있다. 남자친
구는 폭력성이 있었지만 처음엔 전혀 드러나지 않았다. 시
간이 지나며 폭언과 폭행이 시작되었다. 주위에선 반대했고
친구 역시 아닌 걸 알지만 헤어지지 못했다. 오히려 "그 사람
너무 불쌍해."하며 동정했다. 자신이 받는 고통보다 이별을
두려워했다. 점점 폭력에 익숙해지는 것 같았다.

　마음은 아니라는 걸 알면서도 헤어지지 못하는 이유가 뭘

까. 아마 그 사람과 이별한 후의 다음 그림이 잘 그려지지 않아서일 것이다. 헤어진 후 찾아오는 외로움이 두려워 희미한 사랑에 매달리게 된다. 자신 안에 '이별 후에 나는 더 행복할 수 있다.'는 그림이 없는 것이다.

친구는 이별을 감당할 자신이 없어 보였다. 진정한 마음을 마주하기 두려워했다. 버림받을 것 같은 불안함, 사랑에 실패했다는 좌절감에 휩싸이는 게 두렵다고 했다. 누구에게도 사랑받을 자격이 없다고 스스로를 깎아내렸다. 앞으로 닥칠 실연의 고통을 어떻게 견뎌야 할지 막막하다고 했다.

때로는 가까이 있을 땐 보이지 않던 게 시간이 지나서야 비로소 보인다. 사랑이라고 믿었던 것이 사실은 외로움의 틈을 채우려는 욕심임을 알게 될 때가 있다. 사랑이 한쪽으로 기울어졌을 때는 그 안의 상처조차 익숙함으로 착각하게 된다. 사랑을 쉽게 놓지 못하거나 헤어지더라도 곧 재회한다. 그렇게 만남과 이별을 반복한다. 상대를 잊는 게 두려워 다시 만나지만 더 깊은 외로움에 빠질 뿐이다.

진짜 이별은 상대와 멀어지는 게 아니라, 나 자신을 마주하는 용기에서 시작된다. 외로움을 감당하는 힘, 상처를 껴안고도 하루하루를 버텨내려는 결심들이 모여 나를 찾아간다.

사랑은 절대 한 사람의 노력으로 만들어지지 않는다. 관계를 유지하려면 서로 어떤 선을 지켜야 하는지 배우는 시간과 노력이 필요하다. 기분에 따라 달라지거나 상황에 따라 변하는 마음은 쉽게 무너진다.

진정한 사랑은 상대의 부족함을 통해 오히려 배우게 된다. 완벽하지 않은 관계 속에서 때로는 갈등과 상처를 마주하더라도 서로를 이해하는 힘으로 인연을 이어나간다.

사랑은 자아도취의 상대적 결여에 의존하고 있으므로, 사랑은 겸손, 객관성, 이성의 발달을 요구한다. 우리는 이러한 목적에 전 생애를 바쳐야 한다. 겸손과 객관성은 사랑이 그린 깃처럼, 불가분의 괸게에 있디.

에리히 프롬 『사랑의 기술』 p.172

사랑의 결말이 반드시 결혼일 필요는 없다. 또 결혼이 항상 행복으로 이어지는 것도 아니다. 진정한 사랑은 내게서 출발한다.

'혼자서도 행복한 사람은 둘이 되면 더 행복하다.'라는 말이 있다. 이 말을 바꿔보면 '내가 성숙하면 사랑도 아름답게 할 수 있다.'라는 의미가 된다. 성숙한 사람이 사랑을 하면 서로 가까이 있어도, 가끔 멀어져도 편안하다. 아무리 외로워도 아무에게나 기대지 않고, 아무 감정에 휩쓸리지 않는다.

사랑은 하나로 정의 내리기 힘들다. 에리히 프롬의 말처럼 나를 있는 그대로 보고, 상대를 그대로 받아들이는 것도 훈련이다. 제대로 사랑하려면 많은 노력과 기술이 필요하다.

인생의 다음 그림을 잘 그리는 사람은 스스로를 객관적으로 본다. 스스로를 보호할 줄 안다. 상대가 나를 사랑해서 하는 행동인지 아닌지를 안다. 다른 사람에게서 내 인생을 구걸하지 않게 된다. 누군가의 관심에 쉽게 휘둘리지 않고 사랑이라는 이름에 휩쓸리지 않는다.

아름다운 사랑은 자기만의 고유한 감정과 언어로 만들어진다. 누군가와 비교할 수 없고 설명할 수 없다. 사랑은 둘 사이의 감정이자, 한 사람의 성장으로 이어지는 길이다. 아름다운 사랑은 더 나은 내가 되도록 한다. 내일을 기대하게 만든다.

사랑과 고독의 모순

존 윌리엄스 『스토너』

사람들과 함께하면서도 외로운 게 더 고통스러울까, 아니면 스스로 혼자인 걸 받아들이는 게 더 고통스러울까? 사랑과 고독은 완전히 다른 의미로 느껴지지만 같은 뿌리에 자라난 다른 가지일지도 모른다. 사랑은 깊어질수록 고독이 더 선명해지거나, 고독을 껴안을수록 사랑을 더 이해하게 된다. 우리 삶은 이 두 가지 모순을 온몸으로 겪어내야 하는 기록일지도 모른다.

외로움을 견디지 못해 상대에게 집착하게 되면 갈등이 시작된다. 누군가를 사랑하는 마음이 지나치면 아무리 좋은 의도라도 상대가 부담을 느낄 수 있다. 부담감으로 생긴 마음의 거리는 곧 외로움으로 이어진다. 결국 사랑과 고독은 서로를 밀어내면서도 동시에 끌어당기는 힘을 가진다. 중요한 건 고독을 피하려는 몸부림이 아니라, 받아들이면서 어떻게 사랑을 지켜낼지 고민하는 것이다.

자신만의 방식대로 사랑을 준다고 여기지만 사랑이 아닐 때가 있다. 자식을 위해 모든 걸 내어주는 부모 중 그런 경우가 있다. 때로는 그 마음이 욕심으로 변하기도 한다. 전부를 쏟고도 되돌려 받지 못한다고 서운해하기도 한다. 사랑을 주며 상대를 소유하려 한다.

일방적인 사랑에는 한계가 있다. 어쩌면 자신이 어떻게 사랑하는지조차 모른 채 애써 마음만 쏟고 있는지도 모른다. 내가 무엇을 원하는지도 모르고 주기만 하면 어느 순간 마음은 고갈되고 만다. 사랑은 주는 행위만으로 완성되지 않는다. 서로의 방식과 속도를 존중하는 과정 속에서 자라난다.

책『스토너』의 주인공 스토너는 1891년 미주리의 한 가난한 농가에서 태어났다. 부모의 뜻에 따라 농과대학에 진학했지만, 곧 문학의 길로 방향을 틀었다. 그 이후의 삶은 그리 적극적이진 않다. 성실했지만 때때로 자신이 뭘 원하는지 모르는 것처럼 보이기도 했다.

대부분의 소설은 예상 밖의 전개나 새로운 인물을 통해 긴장감을 유지한다. 그러나『스토너』는 달랐다. 특별한 큰 사건 없이 묵직한 정적이 흘렀다. 오히려 그런 점이 내 삶과 별반 다르지 않은 것 같아 매력적으로 다가왔다.

1차 세계대전이 일어나 젊은이들은 전쟁에 나가게 되었다. 스토너의 친구들은 하나둘 군대에 자원했다. 스토너는 전쟁에 나가 싸워야 할지, 말아야 할지 고민하는 듯 보였지만 스스로 가지 않을 거라는 걸 이미 알고 있었다.

해야 할 일 앞에서 남 눈치를 보게 될 때가 있다. 다들 하는데 혼자 하지 않으면 질타를 받기 때문이다. 남 이야기면 조언이 쉽지만 본인 이야기가 되면 다르다. 심지어 생명을 거는 선택이라면 더욱 그렇다. 주위에서 희생을 강요해도 스스로 죽을 각오로 의지를 불어넣지 않으면 힘들다. 스토너는 결국 전쟁에 나서지 않기로 했다. 전쟁 앞에서 내놓을 게 없다는 스토너의 망설임이, 나의 소극적인 모습과 닮아있다고 생각했다.

아무리 소극적인 사람도 삶을 바꾸는 순간엔 자기 목소리를 낸다. 스토너는 배우자의 선택과 결혼생활에서 적극적이었다. 그러나 결혼생활이 그다지 행복하지 않았다. 예상과는 다른 무덤덤하고 지루한 일상이 이어졌다. 딸 그레이스가 생기고 관계가 달라질 것 같았지만 아니었다. 하지만 스토너는 그레이스를 돌보며 행복해했다. 누가 시키지 않아도 알아서 온 마음을 쏟아 딸을 돌봤다. 그레이스를 사랑하는 마음이 스토너의 열정을 되살렸다.

시간이 많이 흐르고 스토너의 마음이 무너지는 사건이 일어났다. 그레이스가 집을 벗어나기 위해 혼전임신을 하고 사랑하지 않는 사람과 결혼한다고 했기 때문이다. 나는 스토너가 안타까웠지만 그레이스의 선택 또한 이해가 되었다. 불안정한 부모 사이에서 자란 탓에 사랑하는 방식을 제대로 몰라 집을 벗어나고 싶었던 것이다.

그레이스에게 또 한 번의 시련이 찾아왔다. 그레이스 남편이 전쟁에서 죽음을 맞이하게 된 것이다. 그레이스가 거의 매일 술을 마시는 걸 보며 스토너는 조용히 슬퍼했다. 딸에게 하고 싶은 말을 직접 하거나 다시 잘 살아보자고 다그치지 않았다. 스토너의 사랑은 딸의 삶을 그대로 받아들이는 거였다. 스토너와 그레이스는 서로 불행해 보이는 삶을 묵묵히 견디며 살아갔다.

누군가는 소설을 읽으면서 때로는 할 말을 하지 않고 가만히 지켜보는 스토너의 행동이 답답하게 느껴질 수도 있다. '도대체 왜 저렇게 답답하게 사는 거야?' 스토너에게 마음의 선을 긋는 순간, 그가 말하지 못한 수많은 감정과 묵묵히 견뎌낸 내면의 고통을 보지 못하게 될 수 있다.

누군가의 행동을 이해하지 못하고 받아들이지 못할 때 마음의 거리가 멀어진다. 대부분 상대의 말과 행동으로 드러난 모습만을 보고 판단하지만, 침묵 속에서도 자기만의 싸움을 이어가는 사람이 있다. 상대를 이해하면 그 사람의 침묵까지 한 부분으로 품을 수 있다.

누구나 자신의 것을 잃어버릴 때 슬픈 감정을 느낀다. 누군가는 현실을 바꾸려 무모한 도전을 하거나 거부하기도 한다. 그러나 스토너는 달랐다. 자신에게 주어진 현실을 묵묵히 받아들이고 견뎌냈다.

사람마다 힘든 역경 속에서도 살아가는 나름의 비결이 있다. 스토너에게는 아마 침묵과 인내였을 것이다. 아무것도 하지 않고 체념하는 게 아니었다. 그는 삶의 무게를 조용히 견디면서도 자신만의 의미를 찾아 나갔다.

큰 일이 일어나도 세세하게 설명하지 않은 그에게서 나는 고독함을 느꼈다. 딸에게 어떤 대가를 바라지 않고 사랑을 줬지만 그의 마음은 정작 기쁨으로 채워지지 않았다. 자신이 줄 수 있는 사랑의 한계를 보았다.

사랑에는 어쩔 수 없이 고독이 따라오는 걸까. 어차피 고독할 거라면 왜 사랑하냐고 묻는 사람이 있을지 모르겠다. 그래도 누구나 한 번쯤 열정적인 사랑을 해보면 좋겠다. 때로는 상대를 위해 조금 손해 보더라도 내 마음의 크기와는 다른 사랑을 해보면 좋겠다.

열정적으로 사랑을 쏟아내면 내가 어떤 사람인지 조금은 보일 것이다. 어쩌면 추하거나 스스로에게 실망할 수 있다. 혹은 생각보다 아름다울 수 있다. 그 안에 달고 쓴 감정들을 마주할 때, 내 심장의 울림이 여전히 살아있고, 사랑할 수 있다는 증거가 되어줄지도 모른다.

어린 시절의 상처는
시간 도둑이다

미하엘 엔데 『모모』

　어린 시절의 상처는 왜 그리 지워지지 않고 지금의 나를 괴롭히는 걸까. 한때는 안정적인 유년 시절을 보낸 친구가 부러웠다. 뭐든 자신감 있어 보였고 문제 해결 능력도 뛰어났다.

　어린 시절, 엄마는 우리 사 남매를 외할머니에게 맡기고 아침부터 밤 10시까지 일했다. 할머니의 한없는 사랑을 받았지만, 부모님에게서 충분한 사랑받지 못해 부족하다고 느꼈다. 그 때문일까. 스스로를 의심해 작은 실패에도 쉽게 좌절했고, 문제 앞에서 포기도 빨랐다. 모든 게 부모의 잘못된 양

육 태도라며 원망했었다. 그땐 외로웠지만 지금은 이해할 수 있다. 게다가 엄마가 일하지 않았다면 우리 가족이 더 어려웠을 것이다. 오히려 엄마는 훌륭한 일을 했다. 솔직히 지금 나약하게 살아가는 나보다 엄마가 훨씬 더 괜찮은 사람이다. 그때의 경험 덕분에 오히려 어떤 문제를 만나도 불평하기보다 감사하는 마음을 배워가고 있다.

어린 시절 상처를 치유해야 현재의 고통을 벗어날 수 있다는 건 누구나 이미 잘 아는 이야기다. 가정환경은 중요하다. 애착 형성과 정서적 지지도 중요하다. 어린 시절 경험은 성격 형성이나 인간관계, 자존감에 많은 영향을 준다.

성인이 되어서도 상처가 꼬리표처럼 달라붙어 있다면 여전히 부모를 탓해야 할까. 물론 폭력적이거나 좋지 못한 환경을 견뎌온 사람은 쉽게 치유되기 어렵다. 사람들의 아픔과 고난의 깊이는 무수히 다르고, 때론 너무나도 깊어서 한순간에 떨쳐내기 힘들다.

나의 어린 시절 상처는 남 탓이라는 못난 생각으로 시작되었다. 내 인생에 걸림돌이 생길 땐 부모 탓을 했다. 상처에서 빨리 벗어나고 싶으면서 한편으로는 내 상처가 깊다는 걸 보여주고 싶었다. 어리석게도 무언가를 할 때면 잘되길 바라면서도 한편으론 안되는 게 당연하다고 생각했다. 성인이 되어서도 감정은 여전히 어린 아이에 머물러 있었다. 나의 불편함을 그대로 안고 가는 게 부모를 향한 소심한 복수라 여겼다. 누구도 알지 못하는 복수는 스스로를 망가지게 만들었다. 상처는 나의 시간을 가져가는 도둑이었다.

책 『모모』는 어린 소녀 모모를 통해 독자들에게 시간의 소중함을 알게 해준다. 모모는 도둑맞은 시간을 인간에게 되찾아주는 소녀. 사람들은 시간에 쫓겨 많은 것을 잃어버린다.

책에서는 쓸모 있는 시간과 쓸모없는 시간을 나누는 회색 신사가 등장한다. 오로지 남에게서 빼앗기만 하는 유형이다. 그는 사람들에게 '시간을 저축해 주겠다.'라며 사랑하는 사람들과 보내거나 좋아하는 일을 하는 시간을 빼앗았다. 오로지 일만 하게 해서 돈은 많아졌지만 살아가는 의미를 잃게 만들었다.

물론 일하는 시간은 중요하다. 하지만 그 일에만 매몰되어 정작 자신과 소중한 사람들을 위한 순간까지 사라진다면 남는 건 허망함일 것이다. 회색 신사가 사람들에게 일만 하게 했기에 대화가 줄고, 웃음이 사라지고, 삶이 딱딱해졌다. 그 대목이 놀랍게도 지금의 사회 모습과 비슷하다고 생각했다. 우리 사회에서는 해야 할 일은 늘었지만 정작 따스한 관계는 줄어들고 있다.

진정한 쓸모 있는 시간은 사랑하는 사람들과의 '관계' 속에서 만들어진다. 상대의 이야기에 귀 기울일 때 마음과 마음이 연결된다. 누군가의 시간을 얻는다는 건 그 사람의 삶을 잠시 빌리는 것과 같다. 나의 시간을 빼앗기지 않으려면 오히려 가까운 사람의 이야기를 진심을 다해 들어줘야 하지 않을까.

모모는 사람들의 고민을 잘 들어줬다. 사람들은 모모에게 마음을 털어놓으며 진심을 다해 들어주는 모모를 보며 위로받았다. 사람들은 고민을 말하며 자기의 잘못된 생각을 점점 깨달았다.

모모는 들어주는 게 별일 아니라고 했지만 들어주는 일은 정말 특별한 일이다. 진심을 다해 들어주면 사람을 변화시킬 수 있기 때문이다. 아픔을 털어내기 위해서는 누군가의 진심 어린 마음과 귀가 필요하다. 내가 누군가에게 마음을 털어놓았을 때 후련한 마음이 먼저 들었다. 그리고 더 이상 혼자 견디지 않아도 된다는 안심이 들었고, 내 편이 생겼다는 든든함도 있었다.

누군가에게 도움을 받는 일만큼 중요한 건 나도 누군가에게 시간을 내어주고 마음을 기울이는 일이다. 주고받는 과정 속에서 우리는 서로의 삶을 조금씩 지탱하게 된다. 때로는 내 시간과 노력을 내어줄 때 더 많은 깨달음을 얻게 된다.

남 탓을 자주 했을 때, 자존감이 낮아 그런 줄 알았다. 어느 정도는 맞지만, 일종의 습관이었다. 나쁜 일이 자주 일어나니 좋은 일이 생겨도 있는 그대로 기뻐하지 못했다. 앞으로 일어날 문제를 미리 걱정했다.

상처를 치유하지 못했다는 이유로 잘못된 습관을 계속 키워왔다. 스스로 알면서도 반복했다. 하지만 어느 순간부터 잘못된 생각들을 바꾸고 싶었다.

얼마나 많은 시간을 '나'가 아닌 다른 이들의 눈치를 보고 시선을 의식해 살아갔는지 모른다. 그러니 더 세상 탓과 남 탓을 하기 편했다. 내 삶인데도 내 것이 아닌 듯 느껴졌고 하루하루 남을 위해 연기를 하는 것처럼 느껴졌다.

책 속 회색 신사들이 빼앗아간 게 단순히 시간만이 아니었다. 나로 살아갈 기회를 잃게 만든 거였다. 나 또한 그동안 나약함이 곧 나인 줄 알았다. 빠져나갈 도리가 없다고 여겼다. 정확하지 않은 기억을 확신하며 파고들어 더 나를 아프게 했다. 제대로 시간을 사용할 줄 몰랐다. 시간을 갉아먹게 만들었고 나를 위해 살아가지 못했다.

과거는 힘이 없다. 좀 더 정확하게는 상처받은 과거는 스스로 변화하지 못하고 그저 기억 속에 머문다. 아픔은 시간이 지나면 자연스레 해결될 줄 알았지만 아니었다. 스스로를 제대로 보고 문제를 책임져야 했다.

현재를 잊는 게 시간을 도둑맞는 거라면, 어린 시절의 상처를 안고 가는 것도 마찬가지다. 누군가에게 받은 상처를 되새기고 회복하지 못했다고 원망하는 건 삶을 아깝게 흘려보내는 것이다. 답답하고 기분 나쁠 뿐이다. 스스로를 괴롭히는 마음은 자신을 돌보기도 힘들게 만든다. 마치 사랑받지 못해서 사랑할 줄 모른다고 여긴다.

오래 전 누군가에게 상처받았더라도 지금 내가 불행한 건 아니다. 나와 내게 상처를 준 사람은 다른 사람이다. 과거엔 영향을 준 사람이지만 지금은 어떤 영향도 주지 않는다. 지난 일은 내 삶에 일어난 과거일 뿐이다.

만약 스스로의 아픔이 너무 깊어 헤어 나오지 못한다면 주위 사람이나 전문가에게 도움을 청해야 한다. 나도 혼자 힘으로 해결하지 못해 여러 방면으로 도움을 받았다. 나의 약점을 드러내는 일은 절대 나약하거나 부끄러운 게 아니다. 오히려 회복으로 가는 길이다.

우리는 종종 '시간이 되면, 여유가 되면……'이라는 말을 한다. 할 일을 나중으로 미루기 일쑤다. 그러나 부모가 자식을 사랑하는 일, 자식이 부모를 사랑하는 일은 미룰수록 시간을 잃게 된다. 다시 돌아갈 수 없는 순간이다. 중요한 건 과거가 아니라, 지금 내가 어떤 시간을 선택하느냐다.

나는 상처를 껴안고도 매일 나답게 살아가려 한다. 나의 상처를 회복하는 시간, 마음을 들여다보는 일을 나중으로 미룰수록 나를 더 아프게 할 뿐이다.

사랑이
스쳐간

자리에 남은 것

사건은 잊혀도
감정은 남는다

F. 스콧 피츠제럴드 『위대한 개츠비』

　시간이 흐르면 사건은 기억 속에서 희미해지지만, 그때의 감정은 사라지지 않을 때가 있다. 그리고 그 감정은 오랫동안 마음에 남아 현재의 나에게 영향을 준다.

　나는 외할머니와의 기억이 많다. 할머니께서는 나에게 큰 사랑을 전해주셨는데, 그중에서도 특히 손수 음식을 준비해주신 게 가장 기억에 남는다. 할머니는 일하던 부모님을 대신해 항상 맛있는 밥을 해주셨다. 쌀밥에 나물, 된장찌개를 주로 해주셨는데 그땐 할머니가 차려주신 음식들을 당연하게 여겼다. 그러나 할머니가 세상을 떠난 뒤 알았다. 할머니의 요리가 얼마나 정성스러운 음식이었는지. 밭에서 손수 길렀거나 시장에서 사온 채소를 씻고 다듬어 여러 양념으로 조물조물하던 모습이 아직도 눈에 신하다. 그때는 밥 한 숟갈, 나물 한 젓가락에 얼마나 많은 정성과 사랑이 담겨 있었는지 몰랐다. 할머니가 떠난 후에야 쉽게 지나치던 일상이 얼마나 소중하고 애틋했는지 조금씩 깨달았다.

할머니와의 일상은 사라졌지만, 그때 느꼈던 따뜻함과 그리움은 여전히 내 안에 남아 있다. 시간이 흘러 기억은 흐릿해졌어도 감정은 여전히 남아 내 삶을 지탱해준다.

『위대한 개츠비』는 1차 세계대전 이후, 미국을 배경으로 무너져 가는 아메리칸 드림을 그린 소설이다. 닉 캐러웨이의 시선으로 부자 개츠비의 이야기가 펼쳐진다.

개츠비는 오래전 헤어진 연인 데이지를 그리워했다. 화려한 파티를 종종 열어 사랑이라는 이름으로 욕망을 채우려 했지만 계획대로 되지 않았다. 개츠비가 마지막까지 데이지를 놓지 못했던 마음은 그리움이기도 했지만 한편으론 집착에 가까웠다.

그의 저택은 데이지의 집 맞은편에 있었다. 파티를 연 이유도 데이지 때문이었다. 그는 데이지를 사랑했다기보다 함께했던 설렘의 순간을 다시 갖고 싶은 것처럼 보였다.

개츠비는 과거를 뒤돌아보며 시간을 붙잡으려 했다. 그러나 이미 지나간 순간을 다시 불러내는 일은 덧없다. 지나간 사랑이 그렇다. 사랑이 가장 빛났을 때를 추억으로 간직한 채 현실을 왜곡한다. 그는 데이지와의 과거를 현재로 되돌릴 수 있다고 믿었지만 아니었다. 개츠비의 지나간 감정은 여전히 그를 사로잡아 놓아주지 않았다. 결국 그의 사랑은 집착이 되어 허망하게 흘러갔다.

지나간 사랑은 집착이 아니라, 현재를 비추는 좋은 기억으로 남아야 한다. 나에게도 기억하고 싶은 사랑이 있다. 바로 첫사랑이다. 그날의 두근거림, 순수했던 기억을 떠올리면 마치 그 시절로 돌아가는 기분이다. 상대의 작은 손짓에도 가슴이 뛰었고, 우연한 만남에도 하루가 즐거웠다. 고백조차 못 하고 지나갔지만, 그때의 감정만큼은 아직도 내 마음 한편에서 살아 숨 쉰다.

아쉬움, 후회가 남아 있다는 것은 꼭 불행하지만은 않다. 내가 누군가를 진심으로 사랑했고, 삶을 온전히 살아냈다는 증거이기도 하기 때문이다.

개츠비의 사랑은 달랐다. 그는 데이지와 사랑에 빠졌던 순간을 영원히 간직하고 싶었다. 시간이 흐르고 상황이 달라졌어도 오래전의 사랑이 되살아나길 바랐다. 그토록 바라던 사랑은 오지 않았고 현재를 놓쳐버렸다. 그의 사랑이 안타까운 이유는 이뤄지지 않아서가 아니다. 사랑을 현실이 아닌 환상으로 여겼기 때문이다. 개츠비는 자신이 기억하는 사랑의 모습만을 붙들었다. 그리고 사랑을 주기보다 자신이 꿈꾸는 사랑을 상대에게서 받으려고만 했다.

사랑뿐만 아니라 일상에서도 사소한 일에 집착할 때가 있다. 바로 사소한 일에 마음이 긁히는 순간이다. 친구들과 대화하다가 별일 아닌 말에 기분이 상한 적이 있다. 한번은 친구가 내 카톡을 읽고 답을 하지 않았다. 내가 대답을 잘해달라고 하자, 친구는 바빠서 연락할 틈이 없었다고 했다. 친구의 사정을 모르는 건 아니었지만 마치 내가 시간이 많아서 연락하는 사람처럼 느껴졌다. 나도 일부러 시간을 내서 연락하는데 내 마음을 몰라주는 기분이었다. 예민해 보일까 참았지만 표정으로 드러났는지 분위기가 살짝 가라앉았다. 친구가 눈치채지 못하길 바랐지만 이미 다 알고 있었다. 사실 솔직하게 말하면 별일 아닌 친구의 말을 혼자 곱씹었다.

평소엔 괜찮다가도 누군가가 내 약한 부분을 건드리면 사소한 말에도 감정이 터진다. 누군가에겐 아무 의미 없는 말이 내겐 오래도록 가슴에 남는 상처가 되기도 한다.

우리는 누군가의 말 한마디에 무너질 만큼 약하지만 애써 괜찮은 척하며 살아간다. 때로는 스스로 왜 그런 감정이 밀려왔는지 알 수 없어 당황할 때도 있다. 하지만 마음은 늘 기억하고 있다. 감정에도 뿌리가 있어 지나온 시간 속에서 기쁨과 슬픔, 사랑과 상처로 자라난다. 뻗어 내려온 뿌리는 예상치 못한 순간에 불쑥 고개를 내밀어 누군가의 무심한 말 한마디에도 나를 흔들어 놓는다.

하지만 이젠 안다. 만약 사소한 말 한마디에 아픔을 느낀다면, 그 사람과의 관계를 진심으로 대했다는 증거라는 것을.

또한 다른 사람과 건강하게 연결되는 힘은 나를 이해하는 데에서 시작된다는 걸 알게 되었다. 자신의 약한 감정을 알면 스스로를 더 이해하게 되고, 감정에 휘둘리지 않게 된다. 다른 사람의 말에도 덜 흔들리게 된다. 어떤 말이 내 안에 닿아 아픈지를 스스로 알아차릴 수 있다.

때로는 이미 끝난 일을 되풀이하며 놓치고 싶지 않았던 무언가를 붙잡으려 애쓴다. 마치 그 기억이 지금의 나를 지탱해주는 유일한 희망처럼 느껴지기 때문이다. 불행하게도 과거의 기억을 붙잡고 있는 동안 현재를 흘려보낸다는 걸 잊는다. 찬란했던 순간은 되살릴 수 없고 느꼈던 감정도 시간이 지나면 조금씩 달라진다.

감정은 오래도록 남지만, 그 감정에 머무를지 흘려보낼지는 나의 선택이다. 과거의 기억은 지울 수 없지만, 스스로 어떻게 품느냐에 따라 현재가 달라진다. 오래된 감정 안에 갇히지 않아야 진짜 사랑도, 삶도 다시 시작될 수 있다.

사람은 누구나 잡을 수 없다는 걸 알면서도 붙들고 싶은 기억 하나쯤은 가지고 산다. 기억을 억지로 피하지도, 그리움

에 무작정 집착하지도 않고 그저 있는 그대로 바라보는 것이

서로에게 안녕한 거리를 두는 방법이다.

죽고 싶다가
살고 싶다가

패트릭 네스 『몬스터 콜스』

누구나 언젠가는 죽음과 마주한다. 삶은 죽음과 연결되어 있다. 나는 죽음을 최대한 먼 이야기로 미루고 싶었지만, 바람과는 다르게 죽음과 가깝게 느껴지는 일들을 몇 번 만나게 되었다.

나는 교통사고 이후 거의 매일같이 악몽을 꿨다. 무시무시한 괴물이 나타나거나 지진이나 각종 재난이 일어나는 꿈이었다. 실은, 그 악몽보다도 아침에 눈을 뜨는 게 더 두려웠다. 눈을 떠 아프고 불편한 몸으로 하루를 버티는 게 더 힘들었기 때문이다. 꿈에서 깨고 싶지 않을 정도로 힘든 현실이었다.

책『몬스터 콜스』의 소년 코너는 감당할 수 없는 현실이 벅차기만 했다. 아버지는 재혼으로 떠났고, 어머니는 암 투병을 해 무서운 외할머니와 살았다. 그는 밤마다 끔찍한 악몽에 시달렸다. 학교에서는 왕따를 당하지만 누구에게도 말하지 못했다.

코너에게 사춘기는 고민거리도 아니었다. 엄마가 죽어가는 걸 지켜봐야 했고 스스로 아무것도 할 수 없다는 사실에 제대로 슬퍼할 수조차 없었다.

코너는 밤마다 악몽에서 괴물 같은 모습을 한 주목을 만났다. 그러나 그는 겁먹지 않았다. 오히려 피하고 싶은 현실이 두려워 몬스터에게 자신을 데려가라고 했다. 그 순간 코너가 얼마나 힘들지 느껴져 마음이 아팠다. 코너는 어디로 가야 괴로움이 덜해지고, 피할 수 있는 돌파구가 있는지 몰랐다. 현실에서는 엄마가 죽을까 봐 두려웠고, 잠을 자면 악몽으로 괴로웠다. 그는 오히려 악몽에서 만난 몬스터가 현실보다 덜 무서웠다. 자신이 처한 상황이 더 힘들었기 때문이었다.

  코너는 절벽으로 떨어지는 엄마의 손을 간신히 붙잡고 버티는 악몽을 자주 꿨다. 그는 고통스러운 꿈에서 벗어나고 싶었다. 몬스터는 코너에게 언젠가 마음속 진실을 말하게 될 거라 말하지만, 그럴 때마다 코너는 그런 건 없다고 했다. 그는 자신에게 들려오는 마음의 소리를 몰랐다.

  때로는 감당하기 힘든 현실을 부정하고 싶을 때가 있다. 노쇠하거나 병과 싸우는 사람들. 어쩔 수 없이 병원이나 요양원에 있는 사람들. 그들이나 그들을 보내게 된 이들의 마음은 헤아리기 힘들다.

  그 가족들의 마음은 코너와 같은 마음일 것이다. 맨손으로 산을 옮겨야만 하고, 다 옮기기 전까지는 이곳을 떠날 수 없는 상황. 마치 손을 뻗어 벼랑 끝에 있는 아픈 가족의 손을 잡고 있는 것처럼 감당하기 힘들다. 때로는 불편한 진실을 알지만 피하고 싶을 때도 있다. 몬스터는 코너의 마음을 마주 보길 원했다. 그리고 코너가 자신의 아픔을 돌아볼 수 있도록 도왔다.

어느 날, 코너는 악몽에서 몬스터를 만나 할머니 집 거실에 있는 모든 물건을 다 때려 부수었다. 꿈인 줄 알았지만, 실제로 거실의 물건들이 산산이 부서져 있었다. 그 광경을 본 코너는 자신이 무슨 짓을 한 건지 놀랐다. 아마 스스로도 몰랐던 자신의 곪은 마음이 다른 곳으로 분출되었을 것이다. 코너의 마음을 안 엄마는 코너에게 화를 낸 것조차 후회하지 말라고 했다. 오히려 화를 내 표현하라고 했다. 아마 코너 내면에 문제가 있었다는 걸 알았을 것이다. 코너 행동을 이해한 건 엄마가 코너에게 해줄 수 있는 최선의 표현 방식이었다.

나의 소원은 죽음을 잘 맞이하는 것이다. 건강하게 잘 살다가 크게 아프거나 치매 없이 가족들을 기억하며 세상을 떠나길 원한다. 누구나 병원에서 여생을 보내다가 가고 싶진 않을 것이다. 그러나 마음처럼 되지 않는 게 인생이다. 죽음도 그렇다.

누구나 어떻게 죽음을 맞이할지 선택할 수 없지만, 자신의 죽음을 당당히 말하는 날이 오면 좋겠다. 나부터도 어떨 땐 삶을 포기하고 싶다고, 삶이 온통 어둠으로 둘러싸여 있다고 속 시원히 말하고 싶을 때가 있었다. 그렇다고 삶을 놓는다는 뜻이 아니다. 가끔은 '죽을 만큼 힘들다.'라고 털어놓는 것만으로도 다시 살아갈 힘이 생기기에 사람들이 자기 마음을 표출하며 살았으면 좋겠다는 의미다.

죽음에 가까이 가본 사람은 안다. 병과 싸우며 고통만 짊어지는 게 아니다. 후회로 얼룩진 시간을 다시는 만들지 않으리라 다짐하기도 한다. 아파본 사람들은 가족과 더 많은 시간을 보내거나 따뜻한 대화를 하고 싶어 한다. 옆에서 지켜본 가족 역시 더 잘해주지 못한 아쉬움으로 마음에 큰 산을 쌓는다. 어떤 선택에도 후회 없는 삶은 존재하지 않는다. 그렇기에 자신에게 남은 힘을 다 썼다면, 최선을 다한 거라 생각한다.

코너는 자신이 할 수 있는 힘을 다 발휘했다. 몬스터에게 엄마를 낫게 해달라고 간절히 부탁했다. 몬스터는 엄마가 아닌 코너를 낫게 하려고 왔다는 말을 이해하지 못했다.

코너는 악몽에서 진정한 마음의 소리를 듣게 되었다. 코너는 절벽에 매달린 엄마의 손을 온 힘을 다해 잡고 있었지만, 힘이 빠지면서 엄마를 놓쳤다. 자신의 잘못으로 엄마가 절벽 아래로 떨어졌다고 좌절했다. 몬스터는 악몽을 통해 만난 진실이 엄마 손을 놓게 만든 거라 했지만 코너는 아니라고 했다. 사실 아니라고 믿고 싶었던 거였다.

코너는 그동안 엄마가 죽을 거라는 걸 알면서도 현실을 외면했다. 엄마가 살기를 원하면서 한편으로는 세상을 떠나기를 바랐다. 고통스러운 상황에서 벗어나고 싶었다. 몬스터는 악몽을 통해 코너에게 내면의 소리를 들려주었다.

우리는 죽음과 매일 가까워지고 있지만, 그럼에도 삶을 먼저 떠올려야 한다. 악몽 같은 상황을 현실에서 마주하더라도, 그럼에도 살아내야 한다. 가까운 이가 고통스러워하는 걸 보면서도 견뎌내야 한다.

너무 괴로울 땐 몬스터가 코너에게 해준 것처럼 자신의 마음의 목소리에 귀 기울여야 한다. '현실이 힘들다. 다 놓고 싶다.'라고 스스로에게 외쳐도 괜찮다. 때로는 기댈 수 있는 누군가에게 털어놔도 괜찮다. 죄책감 가질 필요 없다. 힘든 만큼 나쁜 생각들이 올라온다고 알아차리면 된다.

누구나 힘든 순간엔 마주하기 어려운 감정 속으로 빨려 들어간다. 그럴 땐 내가 지금 생각하는 것을 외면하지 않는 연습이 필요하다. 나쁜 생각은 그저 흘러가는 생각일 뿐이다. 당신 잘못이 아니다.

내 마음이
너에게 닿는다면

히가시노 게이고 『녹나무의 파수꾼』

누군가를 좋아할 땐 나도 모르게 그에게 빠져든다. 처음엔 상대를 좋아하는지 확신하지 못하다가 생각이 온통 그와 연결되면 그제야 진심을 알게 된다.

나는 누군가를 좋아할 때 그 마음을 인정하고 싶지 않았다. 그래서 외면했는데 내 마음이 뜻대로 움직이지 않았다. 혼자 포기했다가 말다가 별짓을 다했다. 상대는 아무것도 모르는데 작은 행동과 말에 웃다가 울다가 했다. 한편으로는 내가 직접 표현하지 않아도 내 진심이 그에게 닿길 바랐다. 자연스레 상대가 나를 좋아하길 바랐다.

시간이 지나고 보니 마음이 닿는다는 것은 반드시 상대가 내 마음을 알아주는 것만을 의미하지는 않았다. 내가 느끼는 감정만으로도 충분히 의미가 있었다. 비록 전해지지 못한 진심이어도 그때의 떨림과 설렘은 내 삶을 풍요롭게 했다.

예전에 누군가가 나를 좋아한다고 했을 때, 나는 그 마음을 가볍게 여겼다. 나는 그에게 전혀 관심이 없었기에 상대를 포기하게 만들면 그만이라고 생각했다. 내가 냉정하게 대하면 아무 일 없던 게 되는 줄 알았다. 그런데 내가 상대의 입장에 서게 되니 이야기가 완전히 달랐다. 내가 좋아한 사람이 나를 등지고 돌아섰을 때 세상이 끝나는 기분이었다. 누군가를 향한 마음은 결코 가볍지 않았다.

누군가의 감정을 함부로 외면하는 것은 곧 내 마음을 대하는 방식이기도 하다. 그동안 무심히 흘려보낸 상대의 감정처럼 스스로에게도 무관심하게 지나친 일들이 있다.

나는 상대를 통해 내 존재의 이유를 찾았다. 좋아하는 사람이 눈앞에서 사라진다면 나도 사라질 것 같았다. 함께라면 내가 원하는 세상이 되는 줄 알았다. 상대가 나와 같은 마음이 아니라는 걸 아는 순간, 연기가 되어 사라지고 싶었다. 나는 사랑하는 동안 상대에게 내 삶의 가치를 맡겼다. 그러니 정작 스스로에겐 아무것도 줄 게 없었다.

책『녹나무의 파수꾼』의 주인공 레이토는 다니던 회사에서 부당 해고를 당하고 퇴직금을 훔치려다 절도죄로 붙잡히게 된다. 그러던 어느 날 레이토가 갇힌 유치장에 이모 할머니 치후네가 보낸 변호사가 찾아온다. 치후네는 변호사를 통해 월향신사라는 곳에서 녹나무의 파수꾼으로 일해 달라고 제안했고, 레이토는 그 제안을 받아들였다. 파수꾼의 역할은 낮에는 녹나무 관리를, 밤이 되면 소원을 빌러 오는 사람들을 맞이하는 거였다. 레이토는 사람들이 녹나무에 무슨 소원을 비는지, 어떻게 소원이 이뤄지는지 점점 궁금했다. 하지만 치후네는 스스로 알아가야 한다며 가르쳐주지 않았다.

기념을 하러 오는 사람들은 저마다 깊은 사연이 있는 게 틀림없다. 그런 것에 대해 녹나무 파수꾼은 항상 방관자의 태도를 취해도 되는 건가. 도움을 줘야 할 일은 없는가.

히가시노 게이고 『녹나무의 파수꾼』 p.332

녹나무에 오는 손님 중엔 한 중년의 남자가 있었다. 그에겐 유미라는 딸이 있었다. 유미는 밤마다 나가는 아버지를 수상하게 생각해 따라나섰다가 레이토를 만난다. 아버지가 외도한다는 오해는 풀었지만 유미는 아버지가 무슨 예념을 하는지 궁금했고 레이토에게 알려달라고 부탁했다.

레이토는 파수꾼으로서 손님의 예념 내용을 발설하면 안 되었다. 그러나 레이토는 유미를 좋아하고 있었고, 녹나무의 비밀을 더 알고 싶었기에 유미에게 아버지의 예념 내용을 말해주었다. 그리고 녹나무에 방문했던 사람들을 지켜보며 점점 비밀을 알게 되었다. 예념하는 사람에게 어떠한 간섭을 하면 안 된다는 원칙을 어긴 것이다.

사람들은 자신이 좋아하는 사람의 모든 것을 알고 싶어 한다. 또한, 쉽게 꺼내놓기 어려운 상대의 사연을 듣게 되면 더 마음이 쓰인다. 그 사람이 겪었던 일을 마치 내가 겪은 것처럼 깊게 공감한다. 레이토도 자신의 아버지를 걱정하는 유미의 부탁을 거절할 수 없었을 것이다. 단순히 관심을 넘어서 그녀가 경험하는 세상을 함께 느끼고 싶은 바람이었다.

  레이토는 녹나무에 오는 사람들을 보며 사랑하는 사람 사이에 감정 전달이 얼마나 중요한지 알았다. 시간이 지난 후 사랑했던 사람의 진심을 깨닫는 건 큰 의미가 없고, 현재의 마음을 아는 것이 더 낫다는 것을 알았다.

  레이토는 남자친구가 있는 유미에게 마음을 표현하지 못했지만 이모 할머니 치후네와 마음을 나눴다. 경도인지장애를 앓던 치후네가 더 살 가치가 있는지 레이토에게 물었을 때 대답 대신 그녀의 손을 꼭 잡았다. 그 마음은 유미에게 향할 수 없는 안타까움과 달리, 지금 바로 곁에 있는 사람에게 전하는 사랑이었다.

  내 마음을 보여주는 건 상대가 원한다고 여겼을 때 쉬워진다. 나의 약한 부분까지 상대가 포용할 수 있을 때 더 편하게 표현하게 된다. 그러나 진심을 표현하기는 쉽지 않다. 부모와 자식 간에는 더욱 어렵다. 제대로 표현하고 전달되길 바라지만 표현 방법을 잘 모르며 살아간다. 말보다 행동으로 전하려 하지만, 마음이 충분히 닿지 않을 때도 많다.

누구나 후회나 분노, 부끄러움처럼 악하고 약한 감정이 있기 마련이다. 때론 가까운 사람들에게 그 감정을 털어놓을 줄도 알아야 한다. 진심을 전하는 일은 숨은 마음까지 상대에게 내보이는 것이다. 언제나 조심스럽고, 동시에 두려움과 설렘이 섞여 있다.

레이토는 자신의 사랑 방식은 상황에 따라 달라질 수 있다는 사실을 알았다. 가까이 있는 사람에게 전할 수 있는 마음과 전하지 못하는 마음을 이해하고 품는 것이 사랑이라는 것을 깨달았다.

"내가 생각해보니까 예념을 하는 사람은 자기 스스로에 대해 진짜 자신 있는 사람이야. 엉터리로 살아온 사람에게는 예념을 할 용기 따위, 없어."

히가시노 게이고 『녹나무의 파수꾼』 p.483

사람 사이의 관계는 결국 마음을 어떻게 주고받느냐에 달려 있다. 나는 그동안 내 마음을 외면하거나 억누르기도 했고, 때로는 상대의 진심을 무심히 흘려보내기도 했다. 『녹나무의 파수꾼』을 통해 마음을 숨긴다고 해서 사라지지 않는다는 것을 다시 깨달았다.

언젠가 누군가가 내게 진심 어린 마음을 털어놓는다면, 있는 그대로 헤아려주려 한다. 사랑은 결국 솔직한 마음이 오갈 때 비로소 자라난다.

가장 가까운 타인,
가족

그레구아르 들라쿠르 『행복만을 보았다』

'가족은 사랑을 배우는 곳이지만, 나에겐 생존을 위한 전쟁터였다.'라고 말하던 친구가 있었다. 그는 미움과 원망만이 가득한 가정에서 늘 살아남는 게 과제였다고 했다. 친구의 부모는 늘 참고 견디라고만 했고, 친구는 사랑하는 법을 배우지 못했다.

사랑받지 못하면 사랑을 주는 것도 서툴다. 친구는 그 사실을 깨닫고 자신의 상처를 치유하기 위해 아픔을 받아들이기로 했다. 사랑하지 못하는 게 자신의 탓이 아니라고, 과거로

부터 자유로워지기로 결심했다. 친구는 성숙한 인품으로 미움과 원망을 풀어냈다.

때로는 상처받고 자란 사람이 다른 사람에게 상처를 주지 않기 위해 더 애쓴다. 그래서인지 친구는 늘 자신 때문에 상대가 불편함을 느끼지는 않는지 자주 살폈다. 더구나 친구는 누군가가 따뜻한 손을 내밀면 낯설고 과분하게 느껴진다고 했다. 나는 친구가 오랜 시간 부모 눈치를 보고 살아남았을 시간이 얼마나 고되고 힘든 시간이었을지 상상조차 되지 않았다.

어떤 이는 부모의 품에서 사랑을, 어떤 이는 아픔을 배운다. 사람은 어디까지 부모를 닮고, 어떻게 극복해내는 걸까. 때때로 자신도 모르는 사이 부모의 말투와 행동, 습관 등 많은 것이 스며든다.

부모님이 서로를 사랑해서 내가 이 세상에 태어났다고 믿고 있다가, 어느 날 부모님이 나와 함께 있는 걸 썩 바라지 않을 수도 있다는 생각을 하게 될 때가 있지. 어른이 된다는 건 우리가 생각만큼 사랑받지 못하고 있다는 사실을 깨닫는 거란다. 힘겨운 일이지.

그레구아르 들라쿠르『행복만을 보았다』p.59~60

책『행복만을 보았다』는 제목과는 달리 약간 어두운 분위기의 소설이다. 나는 평소 우울함 때문에 어두운 분위기의 책이나 드라마를 멀리하곤 한다. 낯선 환경에서 모르는 사람을 만나는 두려움과 비슷하다. 막상 책을 만나보면 장점이 보이지만 선입견 때문에 첫 만남이 성사되지 않을 때가 더 많다. 전혀 알 수 없던 세상을 만나는 건 생각보다 큰 용기가 필요하다. 내 성향과 다른 책 대부분은 주위에서 추천하거나 선물해줘서 읽게 되었다. 이 책도 친구의 추천으로 알게 되었다.

책에서는 가족 간 폭력에서 비롯된 미움, 사랑 등 여러 감정을 보여준다. 주인공 앙투안은 일을 잘해 보험회사에서 인정받았지만 느닷없이 쫓겨났다. 인생을 빼앗긴 느낌이 들었고 살만한 가치가 없다고 느꼈다. 아내는 다른 사람과 바람이 나서 떠났고 사기까지 당했다. 그는 자식을 차례로 죽이고 자기까지 죽으려고 계획했다. 결국 딸에게 해서는 안 될 짓을 했다. 앙투안이 딸에게 총을 쏜 것이다. 총을 맞은 딸은 살았지만 씻을 수 없는 상처를 가지고 산다. 책에서는 주인공의 평범한 일상에서 광기 어린 삶, 그리고 치유되는 과정을 보여준다.

자신에게 아무리 큰 불행이 닥쳐도 그 고통을 배우자나 자식에게 전가해선 안 된다. 가족은 누구보다 지켜줘야 할 존재다.

부모나 배우자에게서 벗어나고 싶어도 그럴 수 없는 사람들이 있다. 대부분 폭력과 학대를 피하기 어렵고, 이때 가해자는 피해자인 상대의 약점을 잘 알고 있다. 폭력을 가해도 용서받을 수 있을 거라는 것도 알고 있다.

나는 상담심리학을 졸업하고 청소년 상담사 자격증을 땄다. 그 과정에서 생각보다 많은 청소년이 가정폭력을 경험한다는 사실을 알게 되었다. 그들은 신고를 하더라도 갈 곳이 없었다. 그래서인지 놀랍게도 자신을 가장 학대한 부모를 용서하고 받아들이는 청소년이 많았다. 그들은 부모라는 이유로 용서하고, 갈 곳이 없어 다시 위험한 집으로 돌아가야 했다. 어쩔 수 없이 다시 불구덩이 속으로 뛰어들 수밖에 없는 현실이었다. 그 마음이 어느 정도 이해되었다. 혹시 나중에 내가 더 큰 해를 당하지는 않을지, 후회하진 않을지 염려하는 것이다.

가족은 내가 화풀이할 수 있는 대상도, 무조건 용서해야 할 대상도 아니다. 가족이라는 이유로 나쁜 행동을 덮을 수는 없다. 사랑이라는 이름으로 허락되는 폭력은 그 어디에도 없다. 가족 구성원의 폭력과 폭언을 무작정 참고 사는 것은 위험하다. 그 누구든 나를 함부로 하게 놔두면 안 된다. 무너진 관계는 시간이 해결해주지 않는다. 폭언이나 폭력 앞에서는 단호해야 한다.

대부분 자식이 부모의 행동과 말을 닮는다고 하지만 아닐 때도 있다. 부모의 나쁜 점을 닮지 않으려고 노력하는 자녀도 있다. 스스로 부모가 알려주지 않은 부분을 채워나가는 것이다. 당장은 신세 한탄할지 모르지만 나중엔 알게 된다. 그 어려운 과정을 딛고 일어선 자신이 얼마나 안쓰럽고 대견스러운지. 부모의 어두운 그늘을 극복해낸 사람들은 훗날 자녀가 생겼을 때, 자신과 같은 아픔을 물려주지 않으려 부모로서 최선을 다한다.

 가정이 전쟁터라고 말하던 친구도 나중엔 가정을 꾸렸다. 친구 말에 의하면 처음엔 부부 싸움만 해도 과거의 아픔이 되살아났다고 한다. 자신도 모르게 부모와 같은 폭언을 아이에게 하지는 않을지 두려워했다. 하지만 친구는 자신이 겪은 아픔을 아이에게 물려주지 않겠다고 다짐했다. 사랑을 표현하는 방법이 조금 서툴렀지만, 진심을 다해 노력했다. 그 과정에서 가족이 서로에게 위로와 용기가 된다는 걸 배웠다고 한다.

어째서 우리는 그토록 그리웠던 사람들을 그들과 헤어져야 하는 순간이 되어서야 비로소 마주치게 되는 걸까…

(하략)

그레구아르 들라쿠르 『행복만을 보았다』 p.170

서로 상처받았더라도 가족이라는 연결고리는 생각보다 견고하다. 어른이라고 더 힘들지도, 아이라 덜 힘든 것도 아니다. 우리는 각자 다른 고통을 지고 아파한다. 그렇기에 서로 아픔을 가진 사람이라고 생각하지 못한다. 자신의 결핍이나 고통이 누구보다 크다고 생각하면 다른 사람의 고통이 보이지 않게 마련이다. 그럴 때일수록 서로에게 자기 마음을 알아달라고 떼쓰기보다 상대가 뭘 고민하고 원하는지 소통하는 것이 중요하다.

가족이라는 이유로 상처를 묵인하는 일이 있다면 멈춰야한다. 아픔을 꺼내놓지 않았다고 해서 사라지는 게 아니다. 깊게 베인 상처는 시간이 지나도 흔적이 남는다. 쉽게 사라지지 않는다. 그러므로 상대를 아프게 하는 일을 절대 가볍게 여겨서는 안 된다.

가족이지만 멀고도 가까운 심리적 거리를 유지해야 한다. 남처럼 대해서도 안 되지만 과하게 의지해서도 안 된다. 가족보다 남을 위해 살아서도 안 되지만, 나보다 가족을 위해 살아서도 안 된다. 생각보다 복잡한 관계가 가족이다. 가족은 가장 가까운 타인이다.

어제보다 나은 나

기욤 뮈소 『당신, 거기 있어 줄래요』

후회는 두 가지로 나뉜다. 해본 것에 대한 후회, 하지 못한 것에 대한 후회. 두 가지 다 미련이 남는다. 선택하지 못한 것에 대한 아쉬움은 늘 있기 때문이다.

'그때 좀 더 잘할걸. 그때 다른 선택을 할걸.'하며 누구나 선택한 일에 대한 아쉬움을 경험한다. 특히 예상과 다른 결과를 얻었거나 문제가 커졌을 때 아쉬움이 더 크게 다가온다. 곱씹어 보면, 그 순간 최선을 다한 선택이었을 것이다. 다만 시간이 지나고 나서야 더 나은 방법이 보일 뿐이다.

우리는 어떤 선택을 하든 완벽히 만족할 수 없다. 삶은 늘 불완전하기에 후회는 따라올 수밖에 없다. 중요한 건 어제보다 조금 더 나은 내가 되기 위해서 오늘을 다르게 살아가는 것이다.

후회의 감정은 불편하지만 성장을 위해서는 끌어안고 가야한다. 하지만 지나치면 문제가 된다. 이미 선택한 일에 미련을 두고 원망해도 소용없다. 때론 후회가 두려워 선택을 미루기도 한다. 그럴 때면 시간이 우리를 기다려주지 않는다는 걸 잊는다.

책 『당신, 거기 있어 줄래요』는 남자 주인공 앨리엇이 죽은 여자친구를 살리기 위해 시간 여행을 하는 이야기다. 앨리엇은 과거의 선택을 바꾸고 싶어 시간 여행을 하지만 시간이 지날수록 또 다른 후회와 책임감을 마주하게 된다.

엘리엇은 여자친구가 곁에 있을 땐 소중함을 알지 못했다. '나중에'라는 핑계로 표현해야 할 마음과 행동들을 미뤘다. 시간이 지나서 여자친구의 소중함을 깨달았을 때, 그녀는 이미 세상에 존재하지 않았다.

"자네는 인생이 한참이나 남은 것처럼 일리나를 대했어.

사랑은 그런 식으로 느긋하게 하는 게 아니야."

기욤 뮈소 『당신, 거기 있어 줄래요』 p.196

엘리엇은 연인을 더 사랑하지 못했고, 살리지 못했다는 죄
책감에 힘겨워했다. 시간 여행을 통해 마침내 엘리엇은 여
자친구의 운명을 바꿨지만 서로 이어지지 못했다. 정작 같이
보낼 시간을 잃은 것이었다.

그러고 보면 우린 호감 가는 사람과 가까워질 땐 갖은 노력
을 하면서도 힘든 걸 잊는다. 그 사람과 조금 더 친밀해지기
위해 최선을 다한다. 하지만 막상 사랑하는 순간에는 많은
것을 놓친다. 사랑하는 사람과 앞으로 함께할 시간이 충분하
다고 믿는 순간, 우리는 소중함을 놓치기 쉽다. 사랑은 기다
리거나 미루지 않고 지금 이 순간 행동으로 보여줘야 한다.

나는 힘든 일이 생기면 시간을 돌려 선택을 바꾸고 싶다는
생각을 종종 한다. 시간을 되돌려 더 좋은 선택을 했으면 어

땠을까, 하는 상상을 하며 위안을 얻는 편이다. 그러나 단점도 있었다. 처음엔 상상이 즐거웠지만 점점 현실에서 해야 할 행동을 미루게 되었다. 과거를 되돌리고 싶은 마음이 커질수록, 지금 이 순간에 집중하는 힘이 약해지는 걸 느꼈다.

시간은 내가 감정을 부여한 만큼 무게를 가진다. 기쁨과 슬픔, 후회와 설렘이 쌓일수록 순간순간이 더 깊게 느껴진다. 같은 하루라도 마음을 어떻게 쓰느냐에 따라 무겁게 혹은 가볍게 흐른다. 기억하고 싶은 순간이나 너무 힘든 일에는 천천히 흐르는 것 같고, 쉬는 시간이나 반복되는 일상은 빨리 가는 것처럼 느껴진다.

후회와 실패라고 생각한 순간이 때로는 더 나은 선택을 위한 안내자가 되기도 한다. 좋지 못한 경험이 때로는 어디로 가야 할시 방향을 알려준다. 내가 에진처럼 후회되는 순간을 다시 맞이한다면, 조금 더 지혜롭게 선택하고 담담하게 받아들일 수 있을 것이다.

인간이 운명을 선택하는 게 아니라 운명이 결정하면 무조

건 따라야 하는 존재가 바로 인간이라는 사실을 실감했다.

인간의 삶이란 대체로 그런 것이니까.

기욤 뮈소 『당신, 거기 있어 줄래요』 p.216

순리를 거스르면 그만큼 문제가 생긴다. 책 속 주인공도 그러했다. 미래의 엘리엇에겐 딸 앤지가 있었다. 과거로 돌아가 일리나를 살리면 앤지가 태어나지 못하게 된다. 한 가지를 얻으면 한 가지를 잃게 되었다. 과거든 아니든 스스로 선택에 책임이 주어지는 것이다.

우린 후회의 감정이 밀려올 때 종종 스스로를 탓한다. 사랑하는 사람을 잃었을 때 특히 자책을 많이 한다. '그때 그렇게 하지 말걸.' 하는 후회가 밀려온다. 하지만 스스로 최선을 다했다면 그때로 다시 돌아가도 답은 하나였을 것이다. 지나고 나면 더 나은 길이 있을 것 같지만, 다른 답이 없었을 것이다. 만약 과거로 돌아가 다른 선택을 해서 지금의 소중한 무언가를 잃게 된다면, 그 선택이 가져올 결과와 책임까지 감당해야 한다.

결혼한 친구들이 종종 "내가 왜 이 인간이랑 결혼했는지 몰라."라고 말할 때가 있다. 내가 친구에게 과거로 가면 지금 남편이 아닌 다른 사람과 결혼할 거냐고 물으면 망설이지 않고 "그렇다."라고 답했다. 그러면 나는 재차 질문한다.

"만약 네가 그 시절로 가서 다른 사람과 결혼한다면 지금 낳은 아이와는 다른 아이를 만날 수도 있을 텐데 괜찮겠어?"

우리는 늘 다른 선택을 꿈꾸지만, 그 선택이 가져올 모든 결과까지는 쉽게 상상하지 못한다. 후회는 결국 '놓친 것'에 집중하는 마음이다.

우리는 종종 바로 어제를 잘 기억하고 내일을 궁금해하면서 정작 오늘을 잘 살아내지 못한다. 왜 그리 과거에 집착하고 바꿀 수 없는 것에 힘을 빼는 걸까. 아마 내가 더 잘했으면 현재가 바뀌었을 거라는 미련 때문일 것이다.

되돌릴 수 없는 시간보다 중요한 건 여기까지 살아온 나 자신이다. 지나간 일에 머무르기보다는 오늘을 온전히 살아내는 용기가 필요하다. 나는 언젠가는 죽을 것이고, 그날이 바로 다음 날이 될지 모른다.

오늘이 내일이 되면 어제가 되는 줄도 모르고, 매일 내일이 올 줄 알며 살고 있다. 후회하며 발목을 잡히며 시간을 보내는 것보다 하고 싶은 일을 지금 하면 어떨까. 후회되는 일은 이미 지나간 일이다.

나의 봄

프랜시스 호지슨 버넷 『비밀의 화원』

'숨기어 남에게 드러내거나 알리지 말아야 할 일.' 바로, '비밀'의 사전적 용어이다. 숨겨두어야 하는 나만의 이야기임을 잘 알고 있지만 때로는 버거워 누군가에게 말하고 싶을 때가 있다. 그러나 단 한 사람에게 "너만 알고 있어. 아무에게도 말하지 마."라고 말하는 순간, 비밀은 절대 은밀하게 남지 않는다. 입 밖으로 내뱉는 순간부터 지켜질 거라는 기대를 하지 말아야 한다.

친구 사이에서 중요한 건 비밀을 지켜주는 일이다. 나는 친구가 내게 고민을 털어놓으면 절대 누설하지 않는다. 누군가 에겐 그 이야기가 삶이며, 치명적인 트라우마 일 수 있기 때 문이다. 전혀 가벼운 이야기가 아님을 잘 안다.

비밀이라고 해서 평생 마음에 숨겨두고 살아가야 할 짐은 아니다. 시간이 흐르면 자연스럽게 드러내고 싶은 순간이 올 수 있다. 나 역시 오랜 시간 우울증을 숨겼지만 점점 어둠을 걷어내며 사람들에게 자연스럽게 경험을 말할 수 있게 되었 다. 그동안 매번 봄이 와도 아무런 감정을 느끼지 못했다. 여 러 번의 봄이 오는 동안 추운 겨울이 물러나 꽃이 피어도 아 름답다는 생각을 해보지 못했다. 당시 내 마음은 사계절 내 내 겨울이었다.

아픔의 시간을 보내고 난 후, 내 마음에 봄이 온 순간을 잊 지 못한다. 매번 같은 봄이었는데 달랐다. 세상을 향해 활 짝 열린 마음은 따스한 햇살과 피어나는 꽃들을 보게 만들 었다. 마치 새로운 삶이 시작된 기분이었다. 그동안 느끼지 못했던 봄을 보기 위해 기나긴 겨울을 지냈나, 할 정도로 감 격스러웠다.

추운 계절 속에 있을 땐 원망만 했다. 끝나지 않을 것만 같은 겨울을 지나니 비로소 알게 되었다. 매서운 바람과 흙빛으로만 가득했던 세상이 나를 더 단단하게 만들었다. 봄이 그리 따뜻한 줄 알지 못했다.

책 『비밀의 화원』의 주인공 메리와 콜린은 사람들의 무관심으로 외롭고 아픈 아이였다. 그러다 우연히 발견한 비밀의 화원을 통해 살아있음을 느끼고 건강을 찾게 되는 이야기다.

메리와 콜린은 자신에게 일어날 일을 예상하지 못했다. 자신들에게 비밀이 생길 거라는 생각도 하지 못했다. 그러다 뜻하지 않은 일을 만났다. 메리의 고모부는 아내를 위해 화원을 만들었는데 10년 동안 굳게 닫혀 있었다. 메리는 식물이 모두 죽어버린 듯한 화원을 가꾸며 생명을 불어넣기 시작했다. 메리와 콜린은 비밀의 화원을 통해 치유는 물론 자신을 돌아보고 성장했다.

아파서 항상 방안에만 있고 히스테리를 부리는 콜린에게 메리는 오히려 더 큰 소리로 분위기를 제압했다. "너의 생각만큼 너는 아프지 않다."라고. 콜린은 침대에 누워 자기 자신과 병에 대해 생각하기 시작했다. 그동안 어쩔 수 없이 아픈 거라 여겼지만 메리를 만나고 자기 안에 갇혀있었다는 걸 알게 되었다. 자신의 병은 두려움이 만든 것이었다.

 자신만의 세상에 갇히면 스스로를 알지 못한다. 스스로 숱한 비밀들을 만들어내면서, 치명적인 단점인 비밀의 무게를 인정하는 건 생각보다 쉽지 않다. 게다가 남에게 마음이 들킨 것 같을 땐 사라져 버리고 싶을 정도로 부끄럽다. 콜린은 숨기고 있던 진실을 점점 드러내고 마음을 열었다.

 메리와 콜린은 자연을 통해 소중함을 느끼고 치유를 받게 되었다. 이전에는 느낄 수 없었던 새로운 세상이었다. 향긋한 향이 사방을 가득 채웠고, 햇살이 콜린의 얼굴을 어루만지는 듯한 기분이었다.

 나 또한 어두움을 인정하고 새로운 것을 받아들일 때 기분이 한결 나아졌다. 매일 집안에만 있다가 산책을 하게 되면서 내가 보지 못했던 세상의 신비함을 알게 되었다. 이제는 산책이 일상이 되었고 매번 아름다움을 느낀다.

 자연을 그저 눈으로만 보는 것과 가까이 가서 손으로 만지는 건 너무 큰 차이가 있다. 만지는 순간 짜릿함이 있다. 푸르름이 내 손에 닿으면 생명력이 전해지는 느낌이다. 나무들 사이에 있으면 싱그러운 향기를 내게 뿜어내는 것 같아 미소가 절로 지어진다. 메리와 콜린처럼 손수 정원을 가꾸는 사람은 얼마나 행복하고 보람을 느낄지 상상해봤다. 아마 삶의 일부로 여겨질 만큼 행복할 것 같았다. 그리고 자신이 뭔가를 할 수 있다는 성취감으로 삶의 의미를 더 깊이 느낄 수있을 것 같았다. 작은 손길로 생명을 어루만지고 가꿀 때, 삶은 더욱 풍성해진다.

나 자신을 있는 그대로 놔두는 게 아닌 화원을 가꾸듯 돌봐야 한다. 바꿀 수 없다고 그냥 놔두면 앞으로 나아가지 못하는 사람이 될지 모른다. 더 이상 성장하지 않는 사람이 아닌, 오히려 뒤처지는 사람이 될 수 있다.

오랜 시간 비밀이라고 여겼던 나의 우울함을 돌이켜 보니 은밀한 감정이 아니었다. 오히려 누군가에게 솔직하게 털어놨을 때, 마치 우울함에서 한 걸음 떨어져 나오는 듯한 느낌을 받았다. 그리고 사람들은 생각보다 나에게 관심이 크게 없었다. 오랜 시간 마음을 닫고 나 혼자만 알고 싶었던 이야기였지만, 어쩌면 그 생각이 스스로를 가두고 있었는지도 모른다. 그렇다고 해서 매 순간 자신의 비밀을 억지로 끄집어 낼 필요는 없다. 스스로 마음이 허락할 때, 그때 문을 열고 나오면 된다.

누군가 그 시기가 대체 언제냐고, 묻는다면 이렇게 답하고 싶다. 뭐라 설명하기 힘들지만 억지로 만들지 않는, '내가 준비되었다고 느껴지는 순간'이라고.

나는 눈앞에 따스함을 모르고 멀리에만 있는 줄 알았다. 생각보다 가까운 곳에 마음이 치유되는 것들이 있었다. 따뜻한 햇살에 안정을 얻을 수 있고, 꽃잎 한 장에 미소 지을 수 있었다. 완전히 다른 곳으로 가지 않아도 집 근처 산책길에서도 따스함이 느껴졌다. 사소한 경험들이 쌓이다 보니 어느새 내 상처가 보이지 않게 되었다.

혼자만의 겨울을 견디던 시간이 있었기에 이제야 봄을 더 깊이 느낄 수 있다. 봄이 오면 곧 여름이 되고 가을, 겨울의 순환이 지속된다. 겨울이 오면 다시 움츠러들고 힘들지도 모른다. 하지만 이젠 안다. 봄의 따스함은 겨울이 있기에 더 빛난다.

비밀은 숨기기 위해 있는 것 같지만 깊이 들여다보면 언젠가 나를 자유롭게 만들 열쇠가 되어 줄지도 모른다. 오래 감춰둔 마음을 때가 되어 꺼냈을 때, 비로소 나 자신을 이해하게 만들 것이다. 그날은 따스한 햇살이 내 머리 위로 내리쬐어 저절로 미소가 지어지는 봄일 것이다.

결국엔

사람이었다

책이 내게 가르쳐준 것들

사이토 다카시 『독서는 절대 나를 배신하지 않는다』

사람과의 관계는 언제나 변한다. 한때 전부였던 관계가 어느 순간 멀어지거나, 마치 모르는 사이처럼 될 때도 있다. 그럴 때마다 나는 책을 펼쳤다. 책은 내가 손을 뻗기만 하면 언제든 그 자리에 변함없이 기다리고 있었다. 단 한 번도 나를 외면하거나 떠난 적이 없었고, 내가 마음을 연만큼 돌아왔다. 어떤 문장은 나를 위로하고, 새로운 질문을 던져 삶을 다시 바라보게 만들었다. 처음엔 아무 변화도 주지 않는 듯했다. 하지만 마음 한편에 작은 씨앗처럼 남아 있다가 선택의 순간에 싹을 틔워줬다.

'성실하게 읽은 독서량이 쌓여서 어떤 일도 자신감 있게 해 낼 수 있는 밑거름이 된다.'라는 문장은 나를 사로잡았다. 책 『독서는 절대 나를 배신하지 않는다』속 문장이다. 나는 독 서가 지식 축적을 넘어서 삶을 견디고, 선택하며, 나아갈 힘 을 주는 도구임을 깨달았다.

그동안 천 권이 넘는 책을 읽어오면서 '과연 책을 읽는다 고 해서 내 삶이 달라질까?' 의심하기도 했다. 그러나 이 책 을 읽으며 그 의심을 말끔히 거둬들였다. 이 책은 쌓아 온 독 서의 시간이 결코 헛되지 않았음을 일깨워줬다. 책장을 넘 기며 스쳐 간 글자들이 언젠가 내 삶의 토대가 되어줄 거라 는 믿음이 생겼다. 그 후로 나는 책을 펼칠 때마다 단순히 지 식을 일으러 하기보다는 보이지 않는 힘을 쌓아가는 중이라 여기곤 한다.

책은 나의 부족함을 드러내면서 고쳐 나가도록 도와줬다. 나는 집중력이 오래가지 않는 편이다. 그래서 오랜 시간 한 가지 일을 하는 게 힘들다. 또, 그동안 스스로 상대방 이야기를 잘 듣는다고 여겼는데 아니었다. 시간이 지나고 나서야 대화하다가 중요한 맥락을 놓치거나, 요점을 정리하지 못한다는 걸 깨달았다. 그러니 상대의 의도와는 다르게 엉뚱한 곳에 귀를 기울이며 다른 반응을 보일 때가 있었다. 나의 모자란 집중력조차 책이 채워줄 거라고는 상상하지 못했다.

책 『독서는 절대 나를 배신하지 않는다』에서는 내 생각과 비슷한 책만 골라 읽는 사람들은 굉장히 위험한 독서를 하는 거라 말한다. 이 대목을 읽으며 나와 반대 지점에 있는 책들을 읽으면 어떤 생각들을 일깨워줄지 궁금했다. 그 호기심으로 평소엔 엄두도 내지 않던 책 『까라마조프의 형제들』을 펼치게 되었다.

책은 추악한 인간의 이면을 보여준다. 그 이면은 누구나 가질 수 있는 어두운 마음이다. 악함과 욕망이 뒤섞인 인간의 모습은 낯설지 않았고, 간혹 나 자신의 일부처럼 느껴졌다. 내 삶에서 일어나는 일과 그리 다르지 않음을 알았다.

내가 선호하지 않는 책을 읽으며 깨달았다. 불편한 진실을 마주하는 일은 타인과의 관계에서도 필요하다는 것을. 처음 사람을 대할 때 흔히 하는 실수가 타인의 복잡한 마음을 함부로 단순화하는 것이다. 책 속 인물들의 갈등과 욕망을 따라가며, 나는 상대를 쉽게 단정지을 수 없다는 걸 배웠다. 누군가의 표면적으로는 이해할 수 없는 행동도, 사정을 깊이 알면 전혀 다른 이야기가 있음을 알게 되었다. 책에서 낯설고 불편한 장면일수록 나를 돌아보게 했고, 타인을 더 깊이 이해하게 되었다.

책을 읽는다는 것은 단순히 글자만 따라가는 일이 아니었다. 한 문장을 끝까지 따라가는 일은 마치 누군가의 말을 끝까지 듣는 연습 같았다. 이야기가 옆으로 새더라도 다시 맥락을 잡아가는 내용은 실제 대화에서 상대의 마음을 이해하려는 태도와 비슷했다. 활자를 통해 경청을 배우며 관계 속에서 필요한 집중력을 길러주었다.

책은 내가 들인 시간보다 훨씬 더 많은 것을 건네준다. 몇 줄 읽었을 뿐인데 마음속 깊은 곳을 울리고, 오래된 상처를 달래주기도 한다. 변하지 않는 문장 안에서 매번 새롭게 의미가 되살아난다. 같은 문장이어도 내 마음 상태에 따라 다가오는 의미가 달라졌다.

책은 눈으로 읽는 것보다 '듣는 법'을 배우는 거였다. 하나의 문장을 되새겨보니 누군가의 이야기에 귀 기울이는 훈련이 되었다. 누군가의 목소리를 담은 글을 따라가다 보니 점점 내 안의 목소리도 또렷해졌다. 한 문장 안에 얼마나 많은 의미를 품고 있는지, 한 사람의 마음을 듣는 일이 얼마나 대단한 일인지 알게 되었다.

내가 흥미를 느낀 책일수록 다음 이야기가 궁금해졌다. 그러다 보니 그동안 왜 사람을 대할 때 흥미를 가지고 궁금해하지 않았을까, 돌아보게 되었다.

독서는 나에게 관계를 가르쳐주었다. 책 속에서 배운 경청과 이해, 낯설고 불편한 진실과 마주하는 경험은 사람을 대하는 태도로 이어졌다. 대화 중 쉽게 공감되지 않는 상대의 감정 앞에서 왜 그런 마음이었는지 묻는 여유가 생겼다. 상대가 예상치 못한 반응을 보여도 조급해하지 않고 귀 기울일 수 있게 되었다.

책은 내 삶에서 가장 긴 대화 상대였다. 내가 흔들릴 때는 방향을 잡아주고, 내가 지칠 때는 쉬게 해주었다. 누군가에게 털어놓지 못한 고민을 책 속 문장이 대신 말해줄 때도 있었다.

오늘도 나는 책장을 넘긴다. 문장과 대화를 나누면서 아직 만나지 못한 세상과 마주하려 한다.

혼자가 아니라 다행이야

찰리 맥커시 『소년과 두더지와 여우와 말』

"너는 반드시 살아야 해."

죽을 만큼 괴롭고 아플 때 절망의 끝자락에 매달린 나를 붙든 말이었다. 단순한 위로가 아니었다. 그 말은 아무것도 할 수 없을 것 같은 좌절감을 느낄 때 내가 세상에 필요한 존재라는 의미로 와닿았다. 마치 단단한 선언 같았다. 때로는 약이나 치료보다 더 힘이 되는 건 한 사람의 진심이다. 누군가의 따뜻한 말 한마디에 다시 일어설 용기를 얻는다. 삶에서 갑자기 휘몰아치는 어려움을 겪을 때 위안이 된 건 사람이었다.

언제나 나를 믿어주는 가족, 내 옆에 묵묵히 있어 주는 사람, 내게 관심을 가져 주는 사람이 있으면 견딜 힘이 더해진다.

책 『소년과 두더지와 여우와 말』에서는 제목처럼 한 명의 소년과 세 마리의 동물이 등장한다. 질문과 대답을 통해 삶의 의미를 되새기게 만드는 그림책이다. 소년과 두더지가 들판을 함께 걸어가며 서로에게 삶의 의미를 묻는다. 낯설고 힘든 길을 함께 걷는다. 그러다가 소년과 두더지는 덫에 걸려 있는 여우를 만난다. 두더지가 덫에 걸린 여우를 풀어주면서 소년에게 말한다.

"우리가 어떤 일에 어떻게 대처하는가, 그것이야말로 우리가 가진 가장 큰 자유야."

찰리 맥커시 『소년과 두더지와 여우와 말』 중에서

살아가면서 누구를 만나느냐는 아주 중요하다. 특히 내 말에 공감해줄 한 사람은 꼭 있어야 한다고 생각한다. 다만 누군가와 함께하는 것이 희생이 되어서는 안 된다. 서로에게 좋은 일이 되어야 한다. 서로 존중하고 사랑하면 건강한 신뢰를 쌓을 수 있다. 아끼는 이에게 내 시간을 내어주고 마음을 나누는 건 나 자신을 채우는 일이기도 하기 때문이다.

소년과 두더지와 여우와 말은 들판과 개울, 강과 숲을 거닐며 힘들었을 것이다. 하지만 그들은 서로에게 친절하게 대한다면 예측할 수 없는 길도 무사히 갈 수 있을 거라고 여겼다.

사랑하는 사람과 시간을 보내면 행복하다. 서로가 서로에게 연결되어 있다는 따뜻함이 용기가 된다. 언젠가 내가 넘어졌을 때 누군가가 일으켜주고, 말없이 곁에 있어 주는 게 가장 큰 위로였다. 몸이 아플 때도 위로받았지만 마음이 아플 때 곁에 있어 주는 게 더 큰 위안이었다. 다른 사람으로 대체될 수 없을 정도로 그 사람의 존재감은 내 안에서 커져만 갔다.

"우리는 모두 계속 나아가야 할 이유가 있어야 해." 말이 물었습니다. "네가 생각하는 이유는 뭐니?", "너희 셋." 여우가 대답했습니다.

찰리 맥커시 『소년과 두더지와 여우와 말』 중에서

삶의 의미엔 정답은 없다. 매일 아침을 맞이하고 맛있는 걸 먹고 좋아하는 사람과 대화를 나누는 것만으로도 삶의 의미가 된다. 그보다도 더 단순한 목적이어도 된다. 주어진 과제를 다 하는 것. 작은 일에 의미를 둬도 삶은 가치가 있다. 크고 좋은 일에만 행복이 아니듯 소소한 일상에서도 기쁨을 느낄 수 있다. 누군가와 함께하는 것만으로 앞으로 나아갈 이유가 되기도 한다.

의미를 잊게 만드는 건 갈등이다. 가까운 사이일수록 문제가 자주 일어난다. 소년과 두더지와 여우와 말에게도 충돌이 있었을 것이다. 그래서 그들은 먹구름 같은 갈등이 와도 '그래도 계속 가는 것'이라고 미리 정해두었다. 사람 사이에 불화가 깊어지는 이유는 먹구름 안에서 잘잘못을 가리고 해결하려 하기 때문이다. 내 탓이나 남 탓으로 해결하려 한다. 때로는 해결보다 소년과 두더지와 여우와 말처럼 그냥 가는 게 나을 때가 있다. 함께 걸어가는 것만으로도 다음 풍경이 이어지고, 먹구름이 걷히기도 하기 때문이다.

갈등은 꼭 풀어야 하는 문제가 아니라 함께 견뎌야 하는 날씨 같은지도 모른다. 맑은 날이 있듯 흐린 날이 있는 것이다.

비바람이 몰아쳐도 우산 없이 그 비바람을 맞는다 해도 누군가 내 옆에 있다면 견딜만하다. 힘든 상황을 버틸 힘은 혼자보다 함께일 때 더욱 강해진다.

혼자서 감당하지 못한 일엔 도움을 요청해야 한다. 자신의 약함을 다른 사람에게 나타내는 것을 부끄럽게 여기지 않고, 도움이 필요하면 부탁할 수 있어야 한다. 혼자서 버티려 애쓰기보다 내 마음을 열고 손을 내밀 때 관계는 조금 더 깊어진다. 함께이기에 먼 길도 덜 두렵고 가깝게 느껴진다.

"가야할 길이 아직도 많이 남았어." 소년이 한숨을 쉬었습니다. "그래, 하지만 우리가 얼마나 많이 왔는지도 뒤돌아봐." 말이 말했습니다.

찰리 맥커시 『소년과 두더지와 여우와 말』 중에서

『소년과 두더지와 여우와 말』에서는 사랑과 우정의 아름다움을 이야기하지만, 현실에서의 사랑은 늘 달콤하지만은 않다. 때로는 놓아주는 연습이 필요하고, 아무 말 없이 곁에 머무는 인내가 필요하다. 사랑은 나를 기쁘게도 하고, 연약하게도 만든다. 상대가 아프면 나도 함께 아프고, 헤어짐이 두려워 밤잠을 설칠 때도 있다. 그럼에도 사랑은 많은 것을 안고 가게 만든다. 하루를 견뎌낼 이유가 된다.

생각해보니 만남에서 내 시간이 허비된다는 생각이 들 때는 상대와의 관계가 성장하지 않고 제자리걸음을 반복하고 있는 경우였다. 가끔 상대를 통해 내가 더 나은 사람으로 변해갈 때, 진정한 만남의 가치를 느낀다. 이해와 배려, 서로를 향한 관심이 쌓일수록 관계는 단단해진다.

언젠가 삶의 끝에 갔을 때 내가 어떻게 살았는지 보인다면 혼자가 아니라 함께서 가능했을 것이다. '함께'는 서로에게 기대어 자신을 잃어버리는 것이 아니라, 각자가 자기 삶을 온전히 책임진 채 나눈 동행이어야 한다.

때로는 서로의 마음을 잠시 빌려 위안을 삼는다. 누군가의 따뜻한 한마디가 견딜 힘이 되고, 따스한 손길이 나 자신을 끌어안게 만든다. 하루를 나아가게 만드는 힘은 온기에서 시작된다.

다음 걸음을 딛는 힘

리처드 바크 『갈매기의 꿈』

책 『갈매기의 꿈』에서 조나단은 꿈이 있는 갈매기였다. 다른 갈매기는 먹이를 찾아 날지만 조나단은 날아다니는 것 자체를 좋아했다. 조나단은 새로운 세상을 보기 위해 다양한 비행 연습을 했다. 원하는 목표를 위해 훈련을 게을리하지 않았다. 다른 갈매기들은 먹기 위해 태어났다고 생각했기에 조나단을 이해하지 못했다. 자신들의 생활을 거스르는 조나단의 행동이 무책임하다고 해 다른 곳으로 쫓아냈다.

조나단의 연습은 헛수고가 아니었다. 공중에서 잘 수 있었고, 1백 마일이나 날 수 있었다. 연습은 일상생활까지 편하게 만들었다. 그러나 아무리 좋은 것이라도 받아들여지지 않으면 아무 소용없다. 다른 갈매기들은 조나단의 연습을 쓸모없는 행동이라 여겨 조나단의 모습을 보려고조차 하지 않았다.

나는 조나단을 보고 내가 좋아하는 일을 잘하려면 노력과 실력은 물론이고 배움을 받아들이는 태도가 필요하다는 걸 깨달았다.

남동생은 경영학을 전공해 금융기관에서 투자가로 일하고 있다. 평소 하고 싶은 일이었기에 다들 동생에게 운이 좋다고 했다. 옆에서 지켜본 내 생각은 달랐다. 동생은 학창 시절부터 대학 시절까지 꾸준히 성실했다. 원하는 목표를 위해 공부했다. 그동안 동생의 노력을 지켜봤다면 절대 운이 좋았다고만 여기시 않을 것이다. 동생은 힉업에 최선을 다해 실무에서도 능력을 발휘했다.

좋아하는 일을 선택하는 건 중요하다. 그러나 좋아하는 일을 하고 업무 능력이 뛰어나다고 해서 매일이 수월한 건 아니다. 거기서 끝이라 아니라 시작이다.

사회생활은 장애물의 연속이다. 스스로 역량을 충분히 발휘했더라도 알 수 없는 난관이 닥칠 수 있다. 구설에 오르거나 슬럼프가 오기도 한다. 주위 환경이나 사람들에게 휘둘리지 않으려면 지속하는 힘을 키워야 한다. 실력이든 내공이든 다른 사람이 넘볼 수 없는 힘을 가져야 한다.

조나단은 쫓겨난 무리에게 삶의 무한한 가능성을 알려주기 위해 다시 돌아갔다. 그곳에서 자신과 비슷한 상황으로 추방당한 플레처를 만났다. 플레처는 곧 조나단의 제자가 되었다. 조나단의 비행을 본 몇몇 갈매기들은 호기심이 생겼고 비행을 배우기 위해 몰려들었다. 다른 갈매기들은 이제야 조나단이 꿈꾸는 삶의 방식을 이해하고 진지하게 받아들이는 듯 보였다.

어느 날, 조나단의 제자 플레처는 연습을 하다가 절벽에 부딪혔다. 그것을 본 다른 갈매기들은 예상치 못한 반응을 보였다. 조나단이나 플레처에게 불행이 일어나길 바란 듯한 갈매기가 있었던 것이다. 그럼에도 조나단은 자신을 미워한 갈매기에게도 사랑을 줘야 한다고 했다. 그렇게 조나단은 시련 속에서도 인내하며 또 다른 비상을 만들어냈다.

동생에게도 비슷한 일이 있었다. 직장 선배는 동생을 시기해, 동생이 몇 달 동안 준비한 기획 보고서를 아무런 상의도 없이 자신이 한 것처럼 상사에게 보고했다. 동생은 선배가 자기를 싫어해도 같이 비난하지 않았다. 싫은 사람을 바꾸려고 하지도, 가까워지려고 애쓰지도 않았다고 한다. 일일이 대응하지 않고 주어진 일을 열심히 했다. 그 후 동생은 회사에서 좋은 평가를 받는 직원이 되었다.

인간의 본능은 주위 사람들이 잘되지 않길 바란다는 데서 드러나기도 한다. 남이 실패하면 안도하고, 남이 성공하면 질투하는 마음이 본능처럼 스며있다. 그러나 그 본능을 인정하고 이겨내는 순간, 더 단단해진다. 조나단이 시기를 받아도 사랑을 선택했듯, 동생 역시 억울한 상황에서도 흔들리지 않고 자기 길을 걸었다. 본능보다 의식적으로 더 나은 선택을 할 수 있다는 것을 보여줬다.

누군가에게 불행이 일어나길 기다렸던 갈매기처럼 살면 스스로에게 좋은 영향을 줄 수 없다. 그 순간에는 만족을 느낄지 몰라도 점점 관계는 좁아질 뿐이다. 반대로 타인의 행복을 진심으로 축하하고, 불행을 함께 안타까워할 수 있는 사람은 더 넓은 세계를 만나게 된다.

동생이 그 분야에 오랜 시간 살아남은 이유가 있다. 동생은 후배직원들을 교육하는 일을 맡은 적이 있었는데, 자신만의 노하우를 알려주는 게 즐겁다고 했다. 경쟁자가 될 수도 있는 후배에게 기꺼이 지식을 나누는 모습은 인상적이었다. 단순히 친절해서가 아니라, 자신이 쌓아온 실력에 대한 자신감에서 비롯된 것 같았다. 일하면서 좋은 성과를 내는 것만큼 함께 성장하는 일이 중요하다는 걸 동생은 이미 알고 있었다. 누군가를 가르치는 순간, 오히려 배움이 더 깊어진다는 것도 알았다. 조나단이 플레처와 다른 갈매기들을 제자로 삼아 비행을 가르쳤던 일도 같은 이유일 것이다.

내가 좋아하는 일만 할 수 없고, 매번 원하는 사람과 함께할 수 없다. 삶에서 어떤 기회와 인연이 내 삶을 이끌지 장담하지 못한다. 조나단이 비행하다가 추락하기도 했지만 더 넓은 하늘을 만난 것처럼, 우리도 예측 불가능한 일과 관계 속에서 자신만의 비상을 만들어낼 수 있다. 그 일은 결국, 다음 걸음을 딛는 힘이 되어준다.

달콤한 희망을 얻으려면

로알드 달 『찰리와 초콜릿 공장』

사람은 항상 긍정적일 수도 부정적일 수도 없다. 아무리 좋은 에너지를 가진 사람일지라도 긍정적인 면이 지나치면 나태해질 수 있다. 중요한 건 둘 사이에서 균형을 잡는 것이다. 좋은 생각만 하면 현실을 왜곡하고 고통이나 문제를 외면하게 된다. 반대로 나쁜 생각만 하면 아무리 좋은 것도 의미 없고 끝없는 불안이 이어진다.

나는 한동안 부정적인 생각에 치우쳐 있었다. 우울할 땐 나를 압도하는 좋지 않은 생각이 꼬리를 물었다. 떨쳐내려 해도 다시 원점으로 돌아갔다. 나쁜 생각을 몰아내기 위해서 온갖 희망을 외쳤다. '괜찮아, 다 잘 될 거야.' 하며 되뇌었지만 마음은 늘 헛돌았다. 억지로 좋은 말을 하고 미소를 지을수록 스스로가 가식적으로 느껴졌고 불편했다.

사람은 변화하려고 할 때 본능적으로 저항하는 힘이 생긴다. 좋은 일을 앞두고도 그동안 성공하지 못했던 경험이 잦았다면, 앞으로도 성공하지 못할 거라는 비관적인 마음이 앞선다. 나도 그랬다. 항상 새로운 뭔가를 시도할 때 반대 방향의 힘이 생겼다. 익숙한 습관을 버리고 변화를 받아들이는 일은 쉽지 않다. 부정적인 감정을 없애는 데 급급하다 보니 그 감정이 왜 생겼는지 근본적인 이유를 잊고 말았다. 무작정 나쁜 생각을 밀어낸다고 되는 게 아니었다. 내 안에 담긴 두려움과 슬픔, 아픔을 인정하는 과정이 필요했다.

스스로 뭘 해도 안 될 거라는 생각은 언제 어디서든 내 발목을 잡았다. 나는 좋지 않은 생각을 다른 방향으로 풀기 위해 계속 긍정적인 생각을 하려 했다. 좋은 생각을 조금씩 내 마음에 불어넣었다. '무조건 나는 할 수 있다.'가 아니라 '좋은 쪽으로 생각할 수 있다.'라고 마음의 방향을 조금씩 바꿔보았다. 막연한 확신보다는 가능성에 기대었다. 불확실한 긍정이었지만 효과가 있었다. '말 그대로 되면 좋고 아니면 말고.'라고 생각하면서 신기하게도 불안이 줄어들었다.

습관이나 생각을 바꾸기 위해서 많은 노력과 시간이 필요했다. 의식적으로 떠오르지가 않아 노트에 적어가며 연습했다. 시간이 지나니 조금씩 익숙해졌다. 이전에는 시작조차 하기 전에 실패를 먼저 떠올렸지만, 작은 행동과 말이라도 일단 해보게 되었다.

적절한 희망은 달콤함을 준다. 삶에 기쁨을 주고 꿈을 위해 앞으로 나아가는 힘이 된다. 반대로 넘치면 부작용이 따른다. 과한 기대감으로 좌절하거나 현실을 제대로 보지 못하게 만든다.

책 『찰리와 초콜릿 공장』 주인공 찰리는 가난한 환경에서 조부모님, 부모님과 함께 화목하게 살아간다. 그러던 중 세계 최대 초콜릿 공장주인 윙카는 비밀에 싸인 초콜릿 공장을 공개하기로 했다. 그 초콜릿 공장으로 갈 수 있는 황금 티켓은 단 5장이었다.

사실 찰리가 티켓을 가질 확률은 거의 없었다. 초콜릿을 사
먹어야 티켓을 가질 확률이 커지는데 찰리는 너무 가난했다.
일 년에 한 번 찰리의 생일에 초콜릿을 한 개밖에 살 수 없었
기에 찰리는 행운이 자신에게 오지 않을 거라 생각했다. 이
때 찰리의 할머니는 찰리에게 희망을 줬다. 곧 생일이 오면
초콜릿을 사 먹을 수 있고, 초콜릿 공장 티켓을 가질 기회가
올 수 있다며 찰리의 마음을 다독였다.

엄청나게 많은 양의 초콜릿을 구매한 아이들은 차례로 황
금 티켓을 가지게 되었다. 찰리는 생일날 초콜릿을 샀지만
티켓이 없었고 아쉬워했다. 그러던 어느 날, 찰리는 우연히
길에서 돈을 주워 초콜릿을 샀는데 거기에 황금 티켓이 들어
있었다. 그토록 바라던 초콜릿 공장 구경을 하게 된 것이다.

아무것도 하지 않으면서 좋은 결과를 바랄 때가 있었다. 나
는 한때 어두운 터널에서 밖으로 나가는 방향을 잃었다. 누
군가가 내게 언젠가 빛을 보게 될 거라 했지만 믿지 않았다.
그렇게 10년이라는 시간을 헤맸다. 마치 출구가 없는 것처

럼 느껴졌다. 희망은 믿지 않는 사람에겐 그림자조차 보여주지 않았다.

찰리는 공장을 견학하다가 초콜릿 강물을 따라 어두운 터널로 들어갔다. 그곳에선 아무것도 보이지 않았다. 다들 어디로 가는지 불안해할 때 공장주인 윙카는 어디에 무엇이 있는지 안다는 듯 노래를 불렀다. 어떤 이는 그를 보고 미쳤다고 할 정도였다. 그러나 이미 출구를 아는 윙카에겐 간단한 일이었다.

출구를 알면 어두워도 어느 정도 방향을 잃지 않을 수 있다. 경험은 내 삶에 나침반 역할을 하기에 길을 잃더라도 두려움이 줄어든다. 적어도 어디가 막다른 길인지, 어디쯤에서 돌아가야 하는지 감이 있기 때문이다. 윙카는 누구보다 공장을 잘 알기에 어둠 속에서도 자신감과 여유가 있었다. 찰리는 아무것도 보이지 않았지만 윙카를 신뢰했기에 두렵지 않았다.

오래 전 지인이 해외 기업에 입사했다. 채용 공고엔 S대만 채용한다고 적혀있었다. 그는 지원 자격이 되진 않았지만 면접 날 찾아가서 면접만 보게 해달라고 사정했다고 한다. 기업에서는 그의 사정에 못 이겨 맨 마지막에 기회를 주었고, 결국 그는 합격을 거머쥐었다. 물론 능력이 있었기에 합격한 거겠지만, 자격 미달이라며 가만히 있었다면 그는 그곳에 입사할 수 없었을 것이다. 그는 스스로 기회를 만들었고 쟁취했다.

반면 자신에게 기회가 와도 함부로 여기면 소용없는 일이다. 찰리와 함께 공장을 견학한 아이들은 공장에서 중요한 물건을 만지거나 돌발 행동을 했다. 아이들은 욕심을 부린 대가를 치렀다. 욕망이 과하면 일을 그르치게 만들기도 한다. 주어진 기회를 내 것으로 만들려면 간절한 만큼 소중히 대할 줄 알아야 한다.

성공을 향한 기회가 불공평하게 주어질 수도 있고, 어쩌면 너무 멀리 있는 것처럼 보일 수도 있다. 하지만 도전하려는 용기는 누구나 가질 수 있다. 기회는 종종 생각지도 못한 모습으로 다가온다. 찰리는 우연히 주운 지폐로 초콜릿을 샀지만 단순한 우연만이 아니었다. 작은 용기와 기다림, 그리고 포기하지 않는 마음이 만들어낸 결과였다.

어쩌면 책이 주는 교훈은 가난한 찰리가 성공하는 이야기가 아닐지 모른다. 뭔가를 가질 자격, 누릴 자격은 마음이 닫힌 사람에게는 주어지지 않는다는 것. 책은 주어진 환경을 묵묵히 견뎌가며 행동으로 보여주는 사람에게 기회가 찾아온다는 메시지를 전하고 있다.

책 후반부에 윙카는 찰리 가족을 공장으로 데리고 오려 했다. 찰리는 거동이 어려워 매일 침대에 누워있을 수밖에 없는 할머니를 집 밖으로 데려올 수 없다고 했지만, 윙카에겐 간단한 일이었다. 침대보다 더 큰 엘리베이터를 만들면 된다며 "제 사전엔 불가능이란 없으니까요."라고 당당하게 외쳤다.

나는 뭔가를 시작하기 전 이래서 안 되고 저래서 안 된다는 핑계가 많다. 그러나 막상 시작하면 생각보다 별거 아니란 걸 알게 된다. 처음부터 안 된다는 마음은 이미 한계를 정한 거나 다름없다. 한계가 무너질 만큼 내 마음의 공간이 더 크면 가능하다.

오늘이라는 시간을 잘 쏟은 사람은 희망을 마음에 품을 가능성이 커진다. 희망은 막연한 게 아니라 시간을 잘 쓰는 사람에게 주어진다. 찰리는 하루하루를 정직하게 살았고, 자신에게 주어진 일을 진심으로 대했다. 자기 앞에 일을 하나씩 해나가는 사람에게 기회가 주어지고, 끝내 좋은 결과를 이뤄낸다.

가만히 앉아 기회가 오기만을 기다리지 않겠다. 달콤한 희망이 다가가도록 밀려오는 반대 방향의 힘을 버텨내고 오늘을 충실히 살아보겠다.

멘탈을 보호하는 방법

헤밍웨이 『노인과 바다』

'전부 다 싫다. 회사도 싫고, 노는 것도 싫다.'

마음이 지치면 모든 게 다 싫어진다. 현실에서 벗어나고 싶고, 해야 할 일도 미루고 싶다. 그럴 때면 내가 멘탈이 약하고 게으르다고 생각했다. 하지만 사실은 내가 멘탈이 약한 게 아니었다. 몸과 마음이 너무 지쳐서였다. 한동안은 그걸 몰랐다.

처음 장애를 가지게 되었을 때 몸도 마음도 내 뜻대로 되지 않았다. 주변 나와 비슷한 장애를 가지게 된 사람들은 다들 잘 버티고 열심히 재활하는 것처럼 보였다. 내가 너무 초라해 보였다. 스스로 한심했고 약한 멘탈을 탓했다.

힘든 일이 있으면 혼자만 끙끙댔다. 혼자 뒤처진다는 느낌이 나를 더 지치게 만들었다. 나중에 돌아보니 내 나약함의 문제가 아니었다. 다들 잘 버티는 것처럼 보였지만 내면의 고충들이 눈에 보이지 않았을 뿐이었다. 누구에게나 올 수 있는 힘든 시기를 무사히 넘긴 것만으로도 잘한 거였다. 게다가 나는 지금도 꾸준히 운동하고 있다.

너무 달려서도 안 되고 완전히 멈춰서도 안 된다. 일할 땐 일하고, 쉴 땐 쉬어야 한다. 같은 일에 계속 실패한다면 실력 부족일 수도 있지만, 한편으론 몸과 마음이 지쳐서 그런 건 아닌지 돌아봐야 한다. 에너지가 다 소진되었기 때문에 좋은 성과를 내지 못하는 것일 수도 있다.

몸과 마음을 돌보는 일이 중요하다는 걸 모르는 사람은 없다. 하지만 현실은 그리 간단하지 않다. 해야 할 일들이 끝없이 쏟아지고, 마음은 늘 쫓기듯 바쁘다. 그럼에도 한 번쯤 스스로에게 물어볼 필요가 있다. 우리는 스마트폰을 들여다

볼 시간은 만들어낸다. 그렇다면 그 시간의 일부만이라도 나 자신을 돌보는 데 쓸 수는 없을까. 진정으로 에너지를 되찾고 마음 깊은 곳에서부터 편안함을 느끼려면 자신에게 맞는 휴식이 필요하다. 마음이 허락하는 속도와 방식에 맞는 쉼을 찾아야 한다.

책『노인과 바다』에서 어부 노인은 열심히 일하고 잘 쉬는 사람이었다. 자신의 일에 자부심을 가졌고 노련했고 경험이 많다. 바다에 대해 깊은 애정이 있었기에 어느 순간부터 바다를 여성으로 여겼다. 그러나 사람들은 바다가 잠잠할 때만 여성이라 불렀고, 평소엔 바다를 경쟁자나 고된 노역의 장소로 여겼다.

노인은 바다가 무섭게 굴 때도 희망이 있는 곳으로 여겼다. 단순한 긍정이 아니었다. 노인이 바다를 희망의 의미인 여성이라고 불렀을 땐 이미 84일째 고기를 잡지 못한 상태였다. 해야만 하는 일에 마음이 끌려다니도록 두는 것이 아니라 스스로 마음을 좋은 방향으로 이끈 것이다. 노인은 배가 휘청일 정도로 파도가 넘실거릴 때면 여인의 감정이 좌우하는 것이라고 생각할 정도로 바다를 사랑했다.

노인은 배를 타고 바다에 항상 나갔지만 힘이 부칠 때가 있었다. 바로 고기를 잡지 못할 때였다. 미끼를 물은 고기가 너무 무거워 낚아 올릴 수 없는 순간에도 힘에 부쳤다. 그럴 때마저도 바다를 향한 불평이 아닌 스스로의 한계라고 여겼다.

고기를 잡지 못한 지 85일째 되던 날, 노인은 조각배를 몰고 먼 바다로 나갔다. 자신의 배보다 큰 청새치 한 마리가 낚싯줄을 물었고 며칠 동안 끌려다니며 사투했다. 겨우 큰 물고기를 배에 단단히 동여매고 돌아가던 중 상어가 나타나 노인이 잡은 물고기를 모두 물어뜯었다. 힘들게 싸웠지만 결국 노인은 물고기의 뼈만 가지고 돌아가게 되었다. 그는 허탈했다. 남은 힘을 다 쏟았지만 물고기를 낚지 못했다. 충분히 절망하고 포기할만했다.

노인은 바다에서 큰 물고기와 사투하며 고통스러워도 끝까지 바다를 미워하지 않았다. 오히려 너무 멀리 나간 자신을 탓했다. 노인은 결과보다 자신의 의지와 노력에 마음을 두었다.

살다 보면 비슷한 상황을 맞닥뜨리게 된다. 누구나 사람들과 치열하게 경쟁하며 이기거나 진 기억이 있을 것이다. 지고 나면 세상을 미워하고 원망하고 싶을 때도 있었을 것이다. 내가 아닌 다른 곳으로 실패의 이유를 돌리고 싶기 때문이다. 그러나 실패의 경험은 쓰리지만 그 안에 값진 의미가 숨어 있다. 노인은 그것을 알고 있기에 포기하지 않았고 끝까지 싸웠다. 아무것도 얻지 못한 듯 보여도 치열하게 살아낸 시간 자체가 우리를 단단하게 만든다. 실망하지 않기 위해 아무것도 하지 않는 삶보다, 넘어져도 다시 일어서는 용기가 더 아름답다.

멘탈이 강한 사람들은 실패해도 계속 시도할 줄 알며, 잘 쉴 줄 안다. 안 되는 일 앞에서 스스로를 채찍질하며 더 해야 한다는 압박감을 내려놓을 줄 안다. 학업과 일에 좋지 못한 결과를 얻을 때 잠시 쉬어가는 법도 알고 있다.

노인은 힘들 때 쉼을 떠올렸다. '침대'를 친구라 했고 그리워했다. 노인에게는 휴식이 간절했고 침대는 일한 만큼 보상받는 선물 같았다. 노인에게 쉼은 단순한 휴식이 아니라 다음 싸움을 준비하는 중요한 시간이었다. 잠시 멈춰 체력을 회복하고, 다시 바다로 나갈 힘을 얻는 시간이었다. 지속 가능한 에너지는 잘 일하고 잘 쉬면 만들어진다. 멘탈을 튼튼하게 잡아주고, 안정감을 주며 다시 일할 힘을 준다. 우리 삶도 그렇다. 쉼은 실패나 고통에서 도망치는 행위가 아니다. 다시 일어나 싸울 용기를 기르는 과정이다. 나 또한 쉬면서 스스로를 돌아보고 다독이며 앞으로 나아갈 힘을 쌓는다.

때로는 노인처럼 고생해도 아무것도 얻지 못해 힘들 때가 있다. 그럴 때 당장 좋은 성과를 얻지 못한다고 해서 실패한 것은 아니라고 생각했으면 한다. 지금 고통스러운 순간을 견뎌내고 있다면, 그만큼 더 강해지고 있는 증거다. 혹시 버티기 힘든 순간이라면, 그건 내가 나약해서가 아니라 쉼이 필요하다는 몸과 마음의 신호이다.

노력만큼 결과물이 나오지 않더라도 내 잘못이 아니다. 중요한 건 계속 나아가는 것이다. 두려움이 찾아오면 맞설 힘이 내 안에 있다고 믿으며 내일을 향해 걸어가면 된다. 지금까지 잘해왔고 잘하고 있다.

바꿀 수 없는 것을
대하는 자세

제임스 매슈 배리 『피터팬』

고등학교 3학년 때, 담임을 만난 후 평온했던 나의 고등학교 생활은 악몽으로 바뀌었다. 그는 40대 유부남이었는데 행동이 조금 이상했다. 수업 시간이 되면 자꾸 내 쪽을 뚫어지게 쳐다보곤 해 반 친구들이 알 정도였다. 대수롭지 않게 넘겼는데 어느 날 나를 따로 불러 집에 데려다준다고 했다. 이유를 묻자 진로 상담이라 했다. 혼자는 싫고 친구와 같이 가겠다고 하자, 안 된다고 했다. 단호하게 싫다고 하니 온화하던 눈빛이 살벌하게 변했다. 그 후로 나는 그가 무서워서 피해 다녔다.

 그럼에도 그는 끈질기게 나에게 연락해왔다. 몇 번이나 밥을 같이 먹자고 했지만, 나는 단호하게 거절했다. 수업 시간엔 최대한 눈을 마주치지 않으려 했고, 멀리서 그가 보이면 오던 길을 다시 돌아갔다. 그런 나의 태도가 마음에 들지 않았는지 언젠가부터 나를 다른 방식으로 괴롭히기 시작했다. 반에 사건이 일어나기만 하면 나와 상관없는 일이었음에도 내 탓으로 돌렸다. 어떤 날은 친한 친구가 잘못을 했는데 나와 친하다는 이유로 나에게도 벌을 줬다. 그 해 일 년이 너무 길게 느껴졌다.

 지금이라면 신고라도 했겠지만, 그 당시엔 신고할 곳이 없었다. 친구들과의 험담이 내가 할 수 있는 전부였다. 계속 괴롭힘에 시달렸지만 최대한 무시하며 견뎠다. 앞으로 내 삶에 그 이상의 나쁜 사람은 없을 거라는 확신을 일종의 위안으로 삼으면서 버텼다. 졸업 후 시간이 지난 뒤, 그가 학교 행정 직원과 바람이 나서 학교에서 잘렸다는 소식을 들었다. 예상했던 소식이어서 크게 놀랍지 않았다.

당시에는 도망치고 싶었지만 밀어내려 할수록 두려움은 더욱 커졌다. 불행 중 다행이었던 건 어두운 면을 경험했을 때도 얻는 게 있었다는 것이었다. 세상엔 이해할 수 없는 사람이 많고 내가 아무리 애써도 바꿀 수 없는 것이 있다는 걸 그때 깨달았다. 피하고 싶은데 어쩔 수 없이 마주해야 하는 사람들이 있다. 그들은 자신의 권력이나 자리를 이용해 상대를 짓누른다. 누구나 자기 힘으로 바꿀 수 없는, 합리적이지 않은 일들로부터 도망치고 싶어 한다. 현실에선 어렵지만, 소설 속에서는 모든 문제를 잊고 도망치는 게 가능한 일일지도 모른다.

책 『피터팬』은 많은 사람들이 잘 아는 이야기다. 웬디와 남동생 둘이 피터팬을 따라 네버랜드로 날아가는 이야기다. 누구나 네버랜드 같은 세상을 한 번쯤은 상상해본다. 나도 그랬다. 밤하늘을 날아가 미지의 세상을 구경하거나 하고 싶은 걸 마음껏 펼치는 상상을 하곤 했다.

이룰 수 없지만 늘 꿈꿔 온 두 가지를 이야기하고 싶다. 하나는 아무도 나를 모르는 미지의 세상으로 가서 사는 것이고, 다른 하나는 평생 늙지 않는 것이다.

나는 힘든 일이 닥쳤을 때 이겨내기보다는 도망치고 싶었다. 때로는 해결되지 않는 문제를 뒤로 하고 아무도 없는 곳으로 가고만 싶었다. 그리고 젊음을 유지하고 싶었다. 젊을 때 할 수 있는 기회들을 오래도록 누려보고 싶기 때문이었다. 시간이 흘러 돌아보니 내가 원하는 두 가지를 얻는다 해도 마냥 행복하지 않을 것 같았다. 현실에 남아 있는 가족이나 친구들을 내버려 둘 수 없기 때문이다. 주위 사람들이 나이 들어가는데 혼자만 젊다면 그것 또한 잔혹한 고통일 것이다.

가상의 이야기 속에서는 어떤 상상이든 가능하다. 나는 책 『피터팬』을 통해 상상을 이루었다. 그곳에는 힘든 일을 기억하지 못하고 평생 늙지 않는 피터팬이 있었다.

피터팬은 항상 자유로워 보였다. 그의 모습을 사람들은 좋아했다. 그러나 그에게도 어려움은 있었다. 그는 모든 일을 쉽게 잊어버리기에 자유로워 보였던 것이다. 피터팬은 인간관계와 상처를 기억하지 못했다. 그에게 만남은 항상 처음과도 같았다. 그는 억울했던 일들을 기억하지 못했기에 두려움 없이 다가갔다. 피터에게는 어제의 고통도, 내일의 걱정도 없었다. 아마 그의 자유로움은 기억을 잊는 데서 비롯되지 않았을까 싶다.

나도 피터팬처럼 쉽게 잊고 마음이 가벼워지고 싶었다. 하지만 나쁜 기억을 잊는다는 건 단순히 머릿속에서 지워버리는 일이 아니다. 게다가 모든 것을 쉽게 잊는다고 좋기만 하지도 않다. 사실 그에게는 잊는다는 사실이 치명적인 단점이었다. 좋은 감정, 나쁜 감정을 비롯해 모든 것을 잊는 탓에 누구와도 깊은 관계를 맺지 못했다. 더구나 피터팬은 위험한 사람이 다가와도 인지가 빨리 되지 않았다.

소설 속에는 피터팬과 상반되는 인물이 있다. 바로 후크다. 후크는 피터팬과 달리 모든 걸 기억하는 인물이다. 그는 과거에 피터에게 손을 잃은 모욕을 당했다. 그래서 복수를 하겠다며 피터를 쫓고 있었다.

결국 후크는 피터를 찾아냈고, 피디와 소년들은 후크와 치열하게 싸웠다. 그런데 결과와는 상관없이 이미 싸우기 전부터 피터는 예상과 다른 놀라운 반응을 보였다. 그는 '죽는 것도 모험'이라 했기 때문이다. 피터팬의 반응 중 특히 인상적인 장면이 또 있다. 바로 피터와 가장 친한 친구 웬디가 해적에게 잡혔을 때, 그녀를 구하러 가는 일이 온몸에 전율이 일만큼 행복하다고 한 대목이었다. 고통과 상실조차도 그에게는 별거 아닌 것처럼 보였다. 나는 그를 보며 한편으론 안타까운 마음이 들었다.

나에게 고통은 결코 가볍지 않았다. 죽을 만큼 괴로운 아픔은 말로 표현할 수 없을 정도였다. 그 순간에는 무너지는 것 같았지만 돌이켜보면 그 고통이 나를 더 단단하게 만들었다.

어떤 결과가 와도 감당하지 않아도 되는 피터팬의 삶. 그 자유로움이 부러워 보이지만 동시에 얼마나 외로운지 이제는 안다.

현실을 제대로 바라보고 어른으로 살아가는 건 쉽지 않다. 때론 지옥 같은 현실을 벗어나고 싶지만, 묵묵히 견뎌내야 할 때도 있다.

고등학교 시절, 담임을 내 힘으로 바꿀 수 없다는 걸 알았을 때 나는 쉽게 포기했다. 권력을 가진 자에게 굴복한 게 아니다. 내가 지키고 싶은 일상을 위해 물러난 거였다. 싸우는 것보다 살아남는 것이 더 중요하다고 여겼기 때문이다. 그리고 괴로움을 달래기 위해 이야기 속으로 도망쳤다. 이야기는 도피이면서 동시에 나를 단단하게 만드는 연습장이 되었다.

내가 피터팬처럼 될 수는 없다는 걸 안다. 현실엔 두려움이 가득하고, 지켜야 할 소중한 사람들이 많다. 때로는 이 세상에서 바꿀 수 없는 것과 맞서 싸우고 싶지만 내가 가진 것을 잃을 만큼 가치 있는지 신중할 수밖에 없다. 모험이 아니라 목숨을 거는 위험한 일이 될 수도 있기 때문이다.

내 힘으로 바꿀 수 없다는 사실에 상처받지 않으려면 마음 근육을 키워야 한다. 단순히 마음을 단단하게 만드는 것이 아니다. 상처받은 사람에게 복수하고 맞서는 것보다 스스로 다시 일어설 힘을 기르는 게 중요하다. 상대에게 내가 타격을 입더라도 꿋꿋하다는 걸 보여줘야 한다. 아무것도 할 수 없을 것만 같을 때, 할 수 있는 단 한 가지는 마음에 숨겨져 있는 날개를 펼치는 일이다.

삶이 나에게

주는 선물

변화 속에서
잊지 말아야 할 마음

찰스 디킨스 『위대한 유산』

내 인생에서 가장 좋았던 때가 언제였던가. 대학 졸업 후 서울로 올라와 취업하고 멋진 커리어 우먼으로 살던 때였다. 어리고 예쁘다는 말을 수없이 들었다. 계속 들어도 질리지 않는 칭찬이었다. 반면 가장 힘들었던 시절은 언제였나. 교통사고 후 아무것도 할 수 없어 좌절에 빠졌을 때였다. 마치 모든 것을 다 잃은 기분이었다.

지금의 눈으로 보면 좋았거나 그렇지 못한 시절이나 큰 의미는 없다. 다만 언제 어디서나 겸손해야 한다고 생각한다.

주위 사람 중에서 갑자기 성공한 뒤 세상을 다 가진 듯한 태도를 보이는 사람이 있었다. 그는 사람들을 점점 무시하기 시작했다. 당연히 주변 사람들과 멀어졌고 공허해졌다. 겉으로는 모든 것을 가진 듯 보였지만 정작 중요한 사람을 잃었다.

겸손은 타인을 이해하게 하고, 실패와 상실 앞에서도 흔들리지 않도록 만든다. 인생이 크게 흔들리거나, 우쭐해질 만큼 큰 성공을 거두더라도 나의 원래 모습을 기억한다면 추락하거나 자만하지 않을 수 있을 것이다. 나의 가치는 성공이나 실패로 평가되지 않는다. 내가 가진 태도와 마음가짐에서 어떻게 나 자신을 지키고 행동하는지가 진짜 나를 만든다.

때때로 피나는 노력을 하고 얻은 결과물을 보면 자만하게 될 수도 있다. 스스로 어떤 과정을 겪었는지 생생히 알기에 보상심리가 생기기도 할 것이다. 그러나 찬찬히 뒤돌아보면 혼자만의 노력만이 아닌 것이다 우리가 어떤 일을 이루기까지 혼자 힘으로 되는 게 거의 없다. 경제적 지원이 아니라도 부모님이나 주변인들에게 따뜻한 조언이나 위로를 받았거나, 밥 한 끼라도 얻어먹은 적이 있었을 것이다. 또한 간섭하지 않고 될 때까지 묵묵히 기다려준 것도 보이지 않는 도움에 속한다. 성공 뒤에는 내가 미처 인식하지 못한 주변 사람들의 응원이 있다.

책 한 권이 나오는 일도 마찬가지다. 글을 쓰는 것만큼 출간 과정이 힘들다. 계약이 성사되기까지 일방적으로 투고 메일을 보내는 것 같지만, 읽고 검토해주는 누군가가 있다. 계약 후에는 편집과 교정, 인쇄, 홍보 등 수많은 사람들의 손길이 이어진다. 마지막으로 책을 읽어주는 독자가 있어야 비로소 완성된다. 책 한 권은 절대 혼자 힘으로 만들어질 수 없다.

책 『위대한 유산』은 부모를 잃은 소년 핍의 성장 소설이다. 핍은 친누나와 살면서 온갖 구박을 당했다. 매형 조는 누나와 달리 따뜻한 사람으로 핍에게 대장장이 일을 가르쳤다. 핍은 상류층 소녀 에스텔라를 사랑하게 되지만 가난한 그는 선뜻 다가가지 못했다. 에스텔라는 핍에게 가난하다며 깔보고 상처를 줬다. 그럼에도 핍은 에스텔라를 사랑했다. 핍이 가장 두려웠던 건 대장간에 있는 꾀죄죄한 모습을 에스텔라가 보는 거였다. 그는 가난이 창피했다.

그러던 어느 날 핍에게 익명의 후원자가 나타났다. 그는 덕분에 거대한 유산을 받고 런던으로 신사수업을 받으러 가게 되었다. 그러나 핍은 신사수업에 집중하지 않았다. 다른 데에 훨씬 많은 돈을 쓰며 원래 자신의 모습을 잊고 싶어 했다. 겉모습은 멋진 신사로 변했지만, 마음속 깊은 곳엔 대장장이였던 자신의 과거가 부끄러웠다. 순수한 마음은 점점 흐려졌고, 자신을 진심으로 아껴준 조를 잊었다. 조와 가난으로 힘들었던 생활을 기억에서 지운 것이다.

자만은 현재의 나를 만족시키지 못한다. 결국 핍은 신사가 되었지만 만족하지 못해 더 많은 돈을 가지려 했다. 가난했던 시절을 떠올리며 자신에게 더 해주고 싶었고, 무시했던 사람들에게서 우쭐해지고 싶었다. 가진 것이 많아질수록 그는 점점 공허해졌다. 그 모습을 보고 조는 핍이 겸손하기를 바라는 마음으로 '인생이란 생의 많은 부분이 하나로 용접되어 결합된 구성물'이라고 조언해 주기도 했다. 조는 핍이 성공에 심취하지 않고 자신의 본모습을 잊지 않기를 바라는 마음으로 말했을 것이다.

반면 에스텔라의 엄마 미스 해비섬은 과거 속에 묻혀 사는 인물이다. 미스 해비섬은 결혼식 날 약혼자에게 버림을 받은 이후 다른 사람에게 아무렇지 않게 상처를 주곤 했다. 해비섬은 스스로를 가둔 채 상처를 합리화하고, 양녀인 에스텔라를 통해 남자에게 복수하려 했다. 그러나 결국엔 자신이 만든 감정의 덫에 스스로 넘어졌다. 자신의 상처를 외면한 결과, 그 상처는 그 누구보다 자신을 더 아프게 만들었다.

핍처럼 욕망으로 과거를 덮거나, 미스 해비섬처럼 복수로 과거의 아픔을 묻으려 하면 진정한 치유는 오지 않는다. 상처는 직면할 때 비로소 아물기 시작한다. 가난했던 시절의 자신을 이해하고, 배신당했던 사랑을 받아들일 때 비로소 아픔에서 벗어날 수 있다. 힘든 과거를 잊는다는 건 덮는 것이 아니라 품고 살아가는 법을 배우는 것이다.

현실이 엉망이라 여겨져도, 사랑받았던 기억으로 현재를 소중히 대할 수 있다. 하지만 스스로 깨닫지 못하면 현재에 만족하지 못하고 불평하게 된다. 때로는 받는 것이 너무 익숙해 소중함을 종종 잊곤 한다. 가족이 준 사랑을 당연히 여기며 함부로 하기도 한다. 사랑하던 사람과 멀어지고 나서야 비로소 얼마나 귀한지를 깨닫는다. 우리는 때로 되돌릴 수 없는 시간 앞에서 뒤늦은 후회를 한다. 지금 곁에 있는 이들을 당연하게 여기지 않는 마음이 겸손이고, 사랑을 지키는 힘이다.

아무리 큰돈을 가져도 큰 업적을 세워도 중요한 것은 오로지 내 힘으로만 되지 않았다는 깨달음이 필요하다. 가진 것을 감사하게 여기며 살아간다면 생각지도 못하게 내면이 성숙해진다.

핍은 한순간에 떨어진 행운이 얼마나 무서운지 알았다. 훗날 자신을 신사로 만들어 준 사람이 예상치 못한 사람이라는 걸 알았을 때 더욱 후회가 밀려왔다. 차라리 대장장이로 있는 게 행복했을 거라 여길 정도로 절망했다.

겸손은 자신을 낮추고 고개를 숙이는 태도만이 아니다. 내가 받은 도움을 기억하고, 받은 만큼 다시 누군가에게 건네줄 수 있는 마음이다. 인생의 유산이란 결국 물질이 아니라

관계 속에서 오고 간다. 핍에게 '위대한 유산'은 재물이나 돈이 아니라, 사람의 마음이었다. 인생에서 중요한 건 '재산을 얼마나 많이 가졌는지'가 아닌 '사람의 마음을 얼마나 잃지 않고 지켜왔는지'이다. 내가 받은 사랑과 배려를 잊지 않고 되돌려줄 때 삶은 더욱 깊어진다. 삶을 단단하게 지탱하는 건 거창한 성취보다 사랑하는 사람과 매일을 진심으로 살아내려는 자세다.

오늘을 선택받았다면

엘리자베스 퀴블러 로스 『인생 수업』

삶의 의미를 모르고 살았다. 그러다 12년 전 죽을 뻔한 경험을 하고 되새기게 되었다. 어느 날 엉덩이에 작은 상처가 생긴 걸 발견했다. 처음엔 크게 신경 쓰지 않았고 시간이 지나면 나을 거라 생각했다. 상처는 점점 깊어졌고 손쓰기 어려울 정도로 곪아 대학병원에 입원하게 되었다. 하루에 두 번씩 항생제 치료받다가 의사에게 충격적인 말을 들었다.

"지금 상태라면 뼈까지 감염이 될 수도 있어요. 어쩌면 생명에도 영향을 줄 수 있습니다."

순간 시간이 잠시 멈춘 것 같았다. 이대로 죽고 싶지 않았다. 이유는 생각보다 간단했다. 내가 세상을 떠나면 가족을 더 이상 볼 수 없기 때문이었다. 또, 그동안 해보지 못해 아쉬운 게 너무 많았다. 예전에는 가족은 소중하고 시간은 금이라는 말을 아무리 자주 들어도 와닿지 않았다. 하지만 그날 이후로 내 생각은 완전히 달라졌다.

오랜 시간에 걸쳐 건강을 다시 회복했지만 삶의 의미를 되돌아보게 했다. '죽음'은 내 모든 생각을 바꿔 놓았다. 마지막 하루가 곧 올 수도 있다고 여기니 아무것도 남기지 않은 채 삶을 마무리하고 싶지 않았다.

죽음을 곁에 두고 살아본 사람은 안다. 시간이 얼마나 소중한지, 일상이 얼마나 고마운지. 큰 수술이든 작은 수술이든 수술실에 들어가는 순간, 다시는 나오지 못하게 될까 봐 두려움이 앞선다. 회복실에서 눈을 뜨자마자 살아 있고 숨 쉬고 있다는 게 얼마나 기적 같은 일인지 온몸으로 깨닫는다. 아프고 나서야 건강을 그리워하고, 죽음의 그림자가 드리우고 나서야 삶의 소중함을 안다.

죽음 앞까지 다녀오니 새로운 세상으로 보였다. 이전까지 삶을 이어갈 의지가 없었고, 사람들에게 관심도 없던 내가 더 잘 살고 싶었고 사람들에게도 관심을 갖고 싶어졌다.

책『인생 수업』의 저자 엘리자베스 퀴블러로스와 데이비드 케슬러는 죽음 직전의 사람들을 돌보며 인생에서 배워야 할 것을 책으로 만들었다.

엘리자베스는 자신의 삶을 받아들이면 다른 사람 인생이 아닌 자기 자신으로 살 수 있다고 한다. 완벽해서 스스로를 사랑하는 게 아니라 불완전하기에 배우게 되고 즐겁다는 것이다.

과거의 나는 나보다 남에게 신경을 많이 썼다. 남에게 보이는 나는 어떤 모습일지 궁금해하며 잘 보이고 싶었다. 그러나 남에게 기대한 만큼 실망하게 되고 점점 마음이 지쳐갔다. 내가 아닌 상대가 변했다며 비난했다. 남 탓을 하면 잠시 편했다. 책임을 떠넘길 수 있기 때문이었다.

반면 나 자신에겐 한없이 너그러웠다. 남의 결점은 고치고 싶어 하면서 정작 스스로는 비난받고 싶지 않았다. 스스로를 잘 몰라서, 내겐 흠이 그다지 없다고 생각했다.

　내겐 남 비판이나 부정적인 이야기를 하지 않는 친구가 한 명 있다. 그 친구를 만나고 나면 항상 기분이 좋았다. 가만히 지켜보니 그 친구는 항상 자기 자신과 대화 상대에게만 관심을 가지고 말했다.

"너는 왜 남 이야기를 안 해?"

"내 이야기하기도 모자란데 남 이야기할 시간이 어디 있어."

　오랜 시간 동안 스스로를 알려고 노력했지만 힘든 이유를 그제야 알았다. 나는 스스로에게 관심이 없었다. 내 관심은 오로지 남이었다.

　그 후 나는 조금씩 배워갔다. 나를 돌보고 마음에 귀 기울이는 법을. 그동안 나는 남의 시선을 좇느라 정작 내 마음 하나 들여다보지 못했기에 늘 어디에도 없는 사람처럼 느껴졌다. 그러나 나를 향한 작은 관심이 쌓일수록 세상으로 나갈 용기가 커지고 조금 더 마음이 단단해졌다.

　삶의 답은 내 안에 이미 있었다. 남이 아닌 자기에게 시선을 돌리면 내가 누구인지 알기 쉽다. 자기 자신을 돌보는 것은 다른 사람을 고치는 것보다 훨씬 쉽고 위험이 적다. 꼬여 있던 마음을 풀기도 수월하다. 내가 마음을 열면 그만이다.

내게 아무 일이 일어나지 않는데 스스로 깨닫기는 쉽지 않다. 최악의 상황이나 상실을 겪을 때 비로소 삶을 바라보는 시선이 달라지기도 한다. 나 또한 죽음의 문턱에서 삶의 소중함을 알지 않았던가.

저자 데이비드는 '상실을 경험한 사람들이 주위에 누군가가 비슷한 상황에 처했을 때 진심으로 이해하게 된다.'라고 한다. 상실이 때로는 다른 사람을 깊이 이해하고 연결해 주는 것이다.

삶과 죽음은 반대 방향이라 생각할 수 있지만 연결되어 있다. 매일 죽음은 나의 곁을 지나가고 있다. 오늘을 선택받은 건 당연한 시간이 아니라 행운이다.

만약 내가 죽음과 가까워지게 되더라도 세상을 원망하거나 사람을 미워하며 시간을 보내지 않기로 했다. 살아온 날 중 눈부신 순간들을 하나씩 꺼내 어루만지기로 했다. 그리고 사랑하는 가족과 맛있는 밥을 먹고 좋은 풍경을 보기로 마음

먹었다. 그렇다고 죽음이 두렵지 않다는 의미가 아니다. 당장 세상을 떠나도 괜찮다고 하지만 진짜 속마음은 오늘이 아니길 바라는 게 사람이다. 더 보고 싶은 하늘과 더 듣고 싶은 목소리, 더 해보지 못한 일들이 남아있기에 그럴 것이다.

『인생 수업』의 저자는 죽음 직전의 사람들을 인터뷰하고 지켜보며 깨달은 것을 사람들에게 전했다. 결론은 모든 날을 최선으로 살아가라는 것이다. '사랑하는 사람과 당장 함께하고, 보고 싶은 것을 보러 가라'고 했다. 사랑했던 사람을 볼 수 있을 때 마음껏 보라는 의미였다.

　삶은 죽음 사이를 비집고 피어나는 조용한 기적일지도 모른다. 행복은 매일의 틈새에 숨어 있다. 오늘을 선택받았다는 건 다시 살아낼 수 있는 기회가 주어졌다는 뜻이다. 여전히 느낄 수 있고 아직 사랑할 수 있다는 의미이기도 하다. 나는 오늘 하루를 무사히 보내는 것으로도 충분히 행복하다.

부끄럽지 않은 삶

바바라 오코너 『개를 훔치는 완벽한 방법』

살면서 언제가 가장 힘드냐고 묻는다면, 나는 아마 밑바닥을 경험하고도 더 이상 갈 곳이 없다고 느낄 때라고 말할 것이다. 아무리 일어서려 애써도 제자리이거나 더 뒤로 물러서는 기분이라넌 삶이 고통스럽다.

내게 고통스러운 시간은 노력한 만큼 결과가 나오지 않을 때 보다, 노력해도 목표 근처에도 가지 못할 거라는 걸 알았을 때다. 하고 싶은 걸 할 수 없었고, 할 수 있는 걸 선택해야 했다.

종종 상황이 사람을 만든다고 느낀다. 강퍅한 마음이 들면 누구를 생각할 여유가 사라진다. 경제적으로 힘들거나 심리적으로 불안하면 세상이 미워 보이기도 한다. 그럴 때 누군가가 내게 도움을 구한다면 나도 모르게 거절하게 된다. 내가 경제적으로 힘든 상황일 땐 작은 부탁조차 무겁게 느껴지기 때문이다. 상대의 사정이 딱하더라도 내 형편이 빠듯하다 보니 마음의 문이 쉽게 닫힌다. 여유가 없으니 배려할 힘도 줄어든다.

때로는 마음이 하고 싶은 걸 다 해도 된다고 속삭이지만, 이내 평정을 찾으려 노력한다. 누구나 자기 자신만을 위해 살아서는 안 되고, 다른 사람에게 큰 피해를 줘서도 안 된다. 자신을 돌보는 건 중요하지만 자기 것을 얻기 위해 남의 것을 빼앗거나 무시해서는 안 된다.

때로 사람들은 위기 상황을 핑계로 잘못된 선택을 합리화하기도 한다. 하지만 힘든 순간일수록 어떤 선택을 하느냐가 그 사람의 삶을 결정짓는다. 책『개를 훔치는 완벽한 방법』속 주인공은 바로 그 경계에 서 있었다.

책『개를 훔치는 완벽한 방법』의 주인공, 열한 살 소녀 조지나는 집세가 없어 쫓겨난다. 아빠는 집을 나갔고 엄마는 일을 하지만 벌이가 시원찮아서 차에서 지냈고, 조지나는 집세를 얻기 위해 개를 훔쳐 사례금을 받을 계획을 세웠다.

조지나가 세운 계획엔 나름 규칙이 있었다. 단순히 주인이 개를 도둑질당한 게 아니라 잃어버린 걸로 믿게 할 계획을 세웠다. 소설 속에서나 현실에서나 도둑질은 범죄에 해당한다. 작은 것을 훔치는 일도 가볍게 여겨서는 안 된다. 그녀의 사정을 아무리 딱하게 여긴다고 해도 도둑질은 쉽게 용서될 일이 아니다. 집을 잃어 갈 데가 없는 상태인 그녀를 보면 법보다는 인정에 마음이 간다. 하지만 조지나가 훔친 개는 누군가의 가족이기도 했다. 나쁜 짓이 분명했다.

때로는 삶이 버거운 사람에게 가장 큰 용기는 거창한 성취가 아니라 그저 하루를 버텨내는 것이다. 니 또한 삶이 버거워 아무것도 이루지 못한 날, 하루를 버텼다는 사실만으로 스스로를 다독인 적이 있다. 남들에게는 보잘것없어 보이는 하루일지라도 나에겐 살아냈다는 증거였다.

조지나의 담임선생님은 그동안 보고서 작성을 건성으로 해온 조지나를 혼내지 않았다. 오히려 고마워했다. 좋지 않은 환경에서 조지나가 학교에 나왔다는 자체가 선생님에겐 기특한 일이었다. 조지나는 학교에 다니며 그나마 위안을 얻었다. 적어도 학교 안에서는 모든 일을 예상할 수 있었기 때문이었다. 학교 밖에서는 뭘 먹을까, 어떻게 잘까 항상 고민해야 했다. 학교 안에서는 잠시나마 불안으로부터 벗어날 수 있었다.

궁지에 몰려도 잊지 말아야 할 것은 부끄럽지 않은 행동을 해야 한다는 점이다. 사람은 누구나 상황이 어려우면 판단력이 흐려진다. 처음부터 잘못되었거나 중간에 문제가 생겼다는 걸 나중에 깨달았을 때, 올바른 방향으로 돌리기 위한 용기가 필요하다.

때로는 나쁜 행동을 하고서도 스스로를 합리화하며 괜찮다고 여길 때가 있다. '내가 이런 행동을 한 건 이유가 있어.'라며 스스로를 위로하면 잠시 마음을 가볍게 해 줄 수는 있다. 조지나가 그랬다. 처음엔 개를 훔치는 게 어쩔 수 없는 일이라 생각했다. 그래서 죄책감이 없었다.

나도 조지나처럼 궁지에 몰린 적이 있다. 세상이 나를 미워하는 것 같고, 아무도 내 편이 아닌 것 같은 분노를 품은 시간이 있었다. 혼자만의 생각에 빠져 '이건 내가 변화시킬 수 없는 마음이야.'라며 스스로 합리화했다. 사실 내게 도움을 줄 사람이 있는 걸 알면서도 외면했다. 조지나가 개를 훔치고 나서 마음이 아팠지만 한동안 돌이키려고 하지 않았던 모습을 보며 그때의 나와 비슷하다고 생각했다. 스스로를 알지 못했고 믿지 못했다.

조지나는 집을 얻는다는 희망을 가지고 개를 훔쳤지만 점점 문제가 생겼다. 사랑스러운 개와 개를 잃어버린 카멜라 아주머니가 고통스러워하는 모습을 보며 죄책감을 느낀 것이다. 조지나는 감당하기 힘든 감정에 이른 나머지 자신의 잘못을 고백하며 현실과 맞닥뜨리기로 했다. 그녀는 고민 끝에 아주머니에게 사실을 털어놓았다.

조지나는 자신의 잘못을 인정하면 아주머니에게 원망과 꾸지람을 들을 거라 예상했지만 오히려 아주머니로부터 용서를 받았다. 아주머니는 그동안 조지나가 어떻게 살아왔는지 잘 알고 있었기 때문에 개를 훔친 행동이 단순한 악의가 아닌, 살아남기 위한 몸부림이라는 것을 이해했다. 하지만 모든 죄가 용서받았다고 해서 끝나는 게 아니라는 걸 조지나는 이미 알고 있었다. 자신이 저지른 잘못만큼 아주머니에게 잘해야 한다고 느꼈다.

한 번 깨뜨린 신뢰는 회복하려면 많은 시간이 걸린다. 충분한 시간을 두고 상대에게 행동으로 보여줘야 한다. 어쩌면 상처 준 시간보다 더 많은 시간이 필요할지도 모른다. 조지나가 아주머니의 개를 산책시켜주는 일을 하며 조금씩 마음의 빚을 갚아 나가는 것처럼 말이다.

부끄럽지 않은 삶을 살기 위해서는 해야 하는 것과 아닌 것을 거를 줄 알아야 한다. 그 힘은 하루아침에 생기지 않는다. 현명한 선택들을 반복하면서 조금씩 쌓여 간다. 순간의 욕심이나 두려움에 흔들리지 않고 옳은 길을 택하는 연습이 쌓일 때, 비로소 우리는 더 단단해진다.

때로는 자신을 놓고 싶을 때가 있다. 의지와는 상관없이 작은 일상에서 무력감을 느끼고 모든 것을 멈추고 싶어질 때도 있다. 하지만 이젠 안다. 아무것도 할 수 없는 상태가 되어도 스스로를 잃는 게 아니라는 것을 말이다. 멈춘다고 무너지는 것도 아니다. 멈춰도 나는 여전히 나이고, 내 안의 가능성은 사라지지 않는다. 내가 걸어온 시간들이 이미 나라는 존재를 충분히 증명하고 있다.

부끄럽지 않은 삶을 살려면 먼저 자기 자신에게 정직해야 한다. 다른 누구보다 스스로를 속이지 않는 태도가 필요하다. 남들의 시선이나 평가에 휘둘리기보다, 나만의 기준을 세우고 따라가는 것이다. 물론 내가 세운 기준이 흔들릴 때도 있을 것이다. 그럴 땐 잠시 멈추고 무엇이 나를 흔들었는지 이해하는 과정이 필요하다.

만약 내가 누군가에게 공정하지 못하게 대했다면, 그 순간 나 자신에게도 정직하지 못한 일이 된다. 부끄럽지 않은 삶은 내가 세운 원칙과 나 자신에게 정직한 행동을 이어가는 것이다. 작은 친절 하나, 사소한 약속 하나를 지켜가는 일이 쌓여 신뢰가 되고, 곧 내가 성실히 걸어온 발자국이 된다.

자연이 알려주는 죽음

마거릿 렌클『우리가 작별 인사를 할 때마다』

살아있는 모든 것은 언젠가는 죽음을 맞이한다. 그래서 삶은 아름답고 동시에 아프다. 책『우리가 작별 인사를 할 때마다』에서는 죽음을 이야기한다. 저자 마거릿은 자연을 통해 죽음과 사랑, 상실, 그리고 삶의 여러 모습을 보여준다.

나는 책을 읽으며 어린 시절 시골에서의 삶을 떠올렸다. 어린 시절엔 내가 사라지면 세상이 끝나는 줄 알았다. 세상의 중심이 오로지 나였을 시절이었다. 그러나 점점 자라며 내 주위에 동물, 식물들이 하나씩 떠날 때 미리 작별 인사를 해야 한다는 걸 배웠다.

　열 살 무렵, 살던 담벼락 아래 할머니와 나는 각자 호박을 심었다. 같은 날, 같은 시간에 심었건만 희한하게 시간이 갈수록 내 호박은 시들시들해졌고 할머니 호박은 무럭무럭 자랐다. 도무지 이해되지 않는 상황이었다. 분명 나도 내 호박에 정성 들여 가꾸며 물을 줬다. 시무룩해진 나에게 할머니는 내가 호박에 너무 많은 관심을 줘서 죽어가는 거라 말했다. 당시엔 충격이었다. 그 충격도 잠시, 어차피 시든 호박이라 여겨 점점 관심을 끊었다. 그런데 얼마 뒤 우연히 본 담벼락에 엄청나게 큰 호박이 열렸다. 할머니 호박과 거의 비슷한 크기였다. 신이 난 나는 매일 오가며 호박을 구경했다.
　호박을 향한 나의 관심이 사라져가던 어느 날, 저녁 반찬으로 호박 무침이 나왔다. 먹고 나와 무심코 남벼락을 봤는데 호박이 사라져 있었다. 방금 먹은 호박 무침이 내 호박이었던 거였다. 큰 소리로 우는 나를 보고 가족은 어리둥절해했다. 할머니 말고는 내 마음을 알아주는 이가 없었다. 어차피 먹을 호박이었다는 걸 알았지만 나도 모르는 사이 삶을 마감하게 될 줄 몰랐다. 이렇게 갑작스럽게 이별하게 될 줄은 몰랐다.

우리는 때때로 정성스레 키운 작은 식물 하나에게도 무수한 의미를 부여한다. 꽃잎 하나, 이파리 한 장, 열매 하나에도 감동하고 아쉬워한다. 의미를 가진 무언가가 갑자기 사라진다면 황당하고 화난다.

생각해보면 내가 원했던 건 일종의 마침표였던 것 같다. 자연이 자기 곁에 있는 것들만을 써서 필요한 것을 만들어 낼 때, 그것이 무엇을 의미하는지를 추정하고 결론 짓는 것 말이다.

마거릿 렌클 『우리가 작별 인사를 할 때마다』 p.113

'우리가 작별 인사를 할 때마다'라는 책 제목 뒤에 문장이 더 있다. 바로, '나는 조금씩 죽어가요'이다. 이 문장은 노래 가사의 일부다. 언뜻 볼 땐 슬픈 문장 같지만, 결코 슬픈 문장이 아니다.

우리는 태어난 순간부터 죽음을 향해 가고 있는 것과 마찬가지다. 어쩌면 매 순간은 조용한 작별의 연속일지도 모른다. 계절이 바뀌고, 익숙한 것들이 사라지고 우리는 조금씩 무언가를 떠나보낸다. 작별이 때로 슬프지만 동시에 새로운 삶의 문을 열어주는 인사이기도 하다.

죽음 직전 사랑했던 사람들과 마지막 인사를 나누는 건 슬픈 일이지만, 그 속에서 또 다른 희망이 피어나기도 한다. 평생 말하지 못했던 진심을 들은 사람들은 그 인사로 살아갈 힘이 얻기도 한다. 때로는 작별 인사를 하지 못하고 가족을 떠나보내는 경우도 있다. 나는 여전히 할머니와 마지막 인사를 하지 못한 것이 아쉽다. 사실 마지막이라는 것이 무서웠고 헤어짐을 인정하기 싫었다. 그래서 할머니의 마지막 모습을 함께하지 못했고, 마음 한구석에는 할머니를 제대로 떠나보내지 못한 슬픔이 남아 있다. 언젠가 사랑하는 사람과 또 다른 이별 앞에 서게 된다면, 나는 외면하지 않고 눈을 맞출 것이다. 이젠 내가 아끼는 모든 것과 종종 작별 인사를 나누려 한다. 그게 사람일 수도 있고, 계절일 수도 있으며, 때로는 내 안에서 떠나보내고 싶은 감정일 수도 있다. 마지막

으로 인사를 할 수 있다는 건 떠나가는 사람의 흔적을 간직

할 수 있다는 의미다.

 나는 종종 내게 주어진 게 너무 당연해서 때로 소중함을 잊

고 지낸다. 우리집 앞엔 작은 산이 있다. 거실에서 산을 바라

보면 계절이 변하는 걸 한눈에 느낀다. 그러나 사는 게 바쁘

다는 핑계로 막상 밖을 잘 보지 않는다. 날씨가 급격하게 변

할 때, 이를테면 바람이 세게 불거나 눈이나 비가 올 때만 봤

다. 그러던 어느 날 집에 친구가 놀러 와서 말했다.

"너는 매일 이런 풍경을 봐서 좋겠다."

 나는 그때 내가 가까이에 있는 소중한 것들을 잊으며 살고

있었다는 것을 알아챘다. 밖으로 나가 산에 있는 나무를 자

세히 봤다. 집안에서 보는 것과 달랐다. 초록의 결과 바람의

흐름, 나무의 숨결이 느껴지는 듯했다. 짙은 초록빛 나뭇잎

이 빛에 반사되어 반짝이며 마음을 설레게 했다. 매일 마주

하던 산이 더 이상 풍경이 아니었음을 깨달았다. 나도 모르

게 내 일상에 섞여 배경이 되어 버린 나머지 이 풍경들을 무

심히 지나치고 있었다. 친구의 한마디에 자연의 얼굴을 다시

바라보게 되었다. 창문을 열고 바람을 느끼거나, 비가 온 뒤 산에 걸쳐진 구름의 움직임을 지켜보았다. 계절이 지날 때마다 나무가 어떤 빛깔로 바뀌는지 보았다. 아름다움은 늘 그곳에 있었지만 바라 볼 여유가 없을 뿐이었다. 익숙함은 때로 감각을 무디게 만들고, 가치를 흐리게 만들었다.

일상의 배경이던 풍경이 어느새 나를 위로하고 있었다. 집 앞 자연과 매일 인사를 나누듯 아침이면 하늘을 바라본다. 예전엔 아무 의미 없이 지나쳤지만, 지금은 하늘을 볼 때마다 내가 살아 숨 쉬고 있다는 걸 증명하는 기분이다. 자연은 말하지 못해도 묵묵히 자리를 지키며 곁에 있어 준다.

가족 안에서 살면서 내가 뭔가 배웠다면, 그것은 우리가 서로에게 속한다는 사실일 것이다. 밖으로, 밖으로, 밖으로, 양쪽 방향으로 확장되는 잔물결을 통해 우리는 서로에게 속한다. 그리고 초록색의 이 근사한 세계에도.

마거릿 렌클 『우리가 작별 인사를 할 때마다』 p.321

모든 세상과 살아있는 것은 연결되어 있다. 과거와 현재, 미래까지 연결되어 우리는 끊임없이 변화와 작별을 경험한다. 한 계절이 지나면 다른 계절이 오고, 사랑하는 사람이나 소중한 존재와의 만남과 이별이 이어진다. 작은 식물 하나, 바람에 흔들리는 나뭇잎 하나에도 삶의 무게와 죽음의 흔적이 담겨 있다. 지금 이 순간에도 아주 오래된 시간과 마주 앉아 있는 셈이다.

모든 존재는 죽음을 피할 수 없다. 어느 날 갑자기 가까운 이의 상실을 마주하게 될 수도 있다. 그 순간, 견디는 힘은 사랑했던 사람을 기억하며 잘 살아내는 것이다. 함께했던 계절을 기억하고, 나눈 말들을 마음 한켠에 조용히 놓아두는 것이다. 죽음 앞에서 우리는 어찌할 수 없는 현실과 맞닥뜨리지만, 유일하게 할 수 있는 게 있다. 떠난 사람을 '기억하며 살아가기'다. 그건 단순한 과거의 기억이 아니다. 내가 살아갈 이유에 힘을 실어준다. 그 사람의 목소리, 웃음, 작은 습관 하나하나를 떠올리면 어느새 그와 연결되어 있음을 느낄 것이다. 이 연결은 마치 내가 오래된 시간과 마주하는 풍경과 비슷하다. 떠난 이를 잘 품는다는 것은, 삶은 아프지만 현실에서 마주하는 아름다움과 함께 살아가고 있음을 인정하는 일이다.

누군가는 이미 떠났고, 누군가는 아직 살아 있고, 또 어떤 이는 곧 태어날 것이다. 나도 언젠가는 죽음의 순환을 맞이한다. 모든 것은 언젠가는 죽지만 아름답다. 살아가는 건 매일 조금씩 떠나보내는 연습이자, 잃지 않고 품는 법을 배우는 것이다. 시간이 흐르면서 계절 속에서 죽음을 배워간다.

내가 원하는 하루

파울로 코엘료 『연금술사』

나는 어릴 적부터 조용한 편이라 혼자 있는 걸 좋아했다. 새로운 일을 주저했고, 처음 만나는 사람 앞에서는 말이 잘 나오지 않았다. 그러나 마음 한켠에는 늘 '무언가 해보고 싶다'는 작은 바람이 있었다. 세상은 넓고, 경험할 일도 많다는 것을 알고 있었지만, 막상 발걸음을 내딛는 게 두려웠다.

조용한 학창 시절을 보내다가 중학교에 들어가서 우연히 한 동네에 밝은 친구를 사귀게 되었다. 친구는 새로운 일을 두려워하지 않았다. 먼저 나서서 낯선 사람에게 말을 거는 모습이 일상처럼 보일 정도였다. 처음엔 적응되지 않아 피하다가 친구 눈에 띄어 붙잡히다시피 이끌려 함께했다. 이러다 멀어지겠지, 생각했지만 나도 모르게 그 친구와 함께 동네 구석구석을 누비고 있었다. 시장에선 물건값을 흥정했고, 공원에선 함께 운동했다. 혼자라면 절대 시도하지 않았을 일들이었다. 그때마다 심장이 두근거렸지만 예상치 못한 즐거움이 느껴졌다. 새로운 경험을 할 때마다 심장이 쿵쾅거리는 기분이 그리 싫지 않았다.

그 경험이 내게 남긴 것은 단순한 즐거움이 아니었다. 작은 모험 하나에도 두려움과 설렘이 동시에 존재한다는 것을 깨달았다. 그리고 '낯선 일도 나쁘지 않구나.'라는 마음이 조금씩 내 안에 자리 잡았다. 때로는 예상치 못한 만남이나 일이 나를 새로운 길로 이끌기도 했다.

책 『연금술사』는 주인공인 양치기 산티아고가 보물을 찾아가는 이야기다. 책에서 말하는 보물은 단순한 금은보화가 아니다. 진짜 보물은 자신만의 길을 찾는 여정 속에서 발견된다. 산티아고는 수많은 만남과 시련을 겪으며 결국 자신이 진정으로 원하는 게 무엇인지 깨닫게 된다. 보물은 외부에 있는 것이 아니었다. 늘 자신의 마음속에 있었지만 알지 못했던 거였다.

사고 후 아무것도 할 수 없었을 때 나도 뭔가를 할 수 있다는 것을 주위 사람들에게 결과물로 보여주고 싶었다. 처음엔 작은 일조차 할 수 있을지 의심했지만, 마음속 깊은 곳에서 들려오는 '뭐든 시도해 보고 싶다'는 목소리를 무시할 수 없었다.

글을 쓰기 시작한 것도 그때였다. 처음엔 일기 같은 글이었지만 한 문장, 한 문장을 쌓아가면서 스스로 삶의 길 위에 서 있다는 것을 깨달았다. 몸은 멈춘 것 같아도 마음은 여전히 움직이고 있다는 걸 알았다. 마치 산티아고가 수많은 후회와 좌절 끝에 결국 자기 안의 보물을 발견했듯, 나 또한 글을 통해 내 안의 힘을 다시 찾을 수 있었다.

원하는 걸 얻기 위해 최선을 다할 때 그동안 알지 못했던 능력을 발휘하기도 한다. 글쓰기에 용기를 얻어 사이버 대학 상담심리학을 공부했다. 상담심리학을 졸업 후 직업상담사 자격증 취득을 위해 준비한 적이 있다. 필기는 수월했지만 실기가 어려웠다. 서술형으로 답안지에 직접 글씨를 써야 해 많은 시간과 노력이 필요했다. 전신마비로 팔만 움직일 수 있는 상태라 손가락이 전혀 움직이지 않아 어떻게 글자를 쓰는지부터 연습해야 했다. 알아볼 수도 없었던 글이 몇 달이 되니 형체를 갖추었다. 사실 자격증을 준비하기 전에는 나는 내가 직접 손으로 글을 쓰게 될 줄 몰랐다. 매번 핸드폰이나 컴퓨터로 글을 써왔는데, 종이에다 쓰니 새로운 세상이 펼쳐졌다. 글자를 손으로 적을 수 있다는 기쁨은 필사까지 이어졌다. 쓰면 쓸수록 나의 자산이 되었다. 단순히 글쓰기를 넘어 눈과 마음에 의미를 담게 되었다. 한 자 한 자 눌러 쓰면서 나도 뭔가를 할 수 있다는 자신감과 의지를 되찾았다.

그 과정에서 내가 바라는 결과를 얻기도 했다. 2년 전에 첫 책을 출간했을 때다. 기대한 것보다 반응이 좋았다. 처음엔 운이 좋았다고 여겼다. 그러나 '자네가 무언가를 간절히 원할 때 온 우주는 자네의 소망이 실현되도록 도와준다네.'라는 『연금술사』의 문장을 읽으니 그건 운이 아니었다. 마치 책이 나에게 '네가 간절히 노력하고 원해서 이뤄진 거야.'라고

삶이 나에게 주는 선물

269

말해주는 것 같았다.

산티아고가 자신을 믿고 길을 걸었듯이 나도 조금씩 할 수 있다고 믿고 한 걸음씩 나아갔다. 누군가에겐 평범할 수 있는 움직임이 나에겐 기적처럼 다가온 오늘이 되었다. 글을 쓰고, 자격증을 준비하며, 낯선 일을 시도하면서 내가 진정으로 원하는 것이 무엇인지 조금씩 분명해졌다. 나를 믿고 한 걸음 내디딜 수 있는 용기, 그리고 계속해서 시도할 수 있는 의지였다.

내가 원하는 하루는 이제 분명하다. 거창한 성취가 없어도 괜찮다. 오늘도 아프지 않고 글을 썼고 평온한 하루를 보낸 것만으로 충분하다. 도전은 완벽함을 요구하지 않는다. 실수하고 넘어질지라도 그 경험이 나를 조금 더 단단하게 만들고, 나만의 길을 밝히는 안내자가 된다. 오늘을 잘 살아내는 게 지금의 나에겐 진정 원하는 하루고 보물 같은 순간이다. 갑자기 닥친 시련으로 하루가 엎어지고, 아무것도 할 수 없는 무력감이 온다고 상상하면 글을 쓸 수 있는 시간이 그리울 것이다. 아무 일도 일어나지 않은 하루가 고마울 따름이다.

나의 이야기는
해피엔딩으로

폴 오스터 『달의 궁전』

　살면서 믿기 힘든 일을 겪을 때가 있다. 간혹 소설이 진짜 이야기 같고 내 삶이 소설 같을 때가 있다. 교통사고 후 뭘 해야 할지 찾지 못했을 때, 내게 닥친 일이 실제 상황이 아니라고 여겼다. 아마 현실을 부정하고 싶은 마음이 만든 바람이지 않을까. 아무것도 할 수 없을 것 같은 마음에 스스로가 가치 없다고 여겼다. 마치 존재 자체가 사라진 느낌이었다. 아무도 없는 곳으로 숨고 싶었다.

　아무런 목적 없이, 방향 없이 마음이 허공을 떠돌아다녔다.

너무 힘들 땐 아무것도 할 수 없는 상태가 된다. 그때 내게 손을 내민 것이 바로 책이다. 시간이 지나면서 나는 책에 의지하고 있었다. 책 속 이야기에서 다른 사람의 삶을 엿보며 위로를 얻었다.

책『달의 궁전』은 현실과 비현실을 넘나들며 일어나는 마르코 포그의 이야기다. 포그는 삶이 견디기 힘들어도 다시 일어나 살아갔다. 고아가 되어서 유년 시절을 외삼촌과 보내고 대학까지 들어갔지만, 갑자기 외삼촌이 세상을 떠난 후 홀로 남았다는 두려움에 휩싸였다. 파산할 정도로 궁핍해졌고 노숙 생활까지 하게 되었다.

포그는 노숙 생활을 하면서도 스스로 왜 잘 살아가려 노력하지 않는지 몰랐다. 어떤 이에게는 포그의 행동이 답답할 수 있지만 나는 이해할 수 있었다. 마치 우울함에 빠져있던 내 모습 같았다. 어두운 절망이 마음에 집을 지으면 헤어 나오기가 힘들다. 뭔가를 해야 한다는 걸 알지만 아무것도 할 수 없는 무력감이 온다. 포그처럼 나도 스스로를 돕기 위해 아무 일도 하지 않았고 손가락 하나 까딱하기 힘들었다.

포그가 다시 일어서는 데에는 친구 짐머와 여자친구 키티의 도움이 있었다. 그는 다시 용기를 냈다. 미래에 일어날 일이 두렵다고 뒤로 물러서지 않았다. 그는 절벽 끝으로 내몰린 상황에서도 다시 삶을 선택했다.

스스로 삶을 포기하려는 사람이나 홀로 일어나지 못하는 사람에게 가장 도움이 되는 건 바로, 사람이다. 누군가가 옆에 있어 주는 것이다. '혼자가 아니라고, 당신을 이해한다'라는 마음이 전해지면 조금은 힘이 난다.

내가 포그와 비슷한 절망을 느껴보니 시간이 한참 지나야 더 이상 그 힘든 일이 내 마음을 누르지 않았다. 조금 나아지는 것 같다가도 또 다른 시련이 찾아오기도 했다. 상처가 아물면 또 다른 곳이 아프지만 그럼에도 우리는 삶을 이어가야 한다.

포그는 일자리를 찾다가 시력을 잃고 휠체어에 의지한 에핑을 알게 되었다. 포그는 당시 책을 읽어주고 산책을 도와주는 일을 했다. 에핑은 괴팍하고 까다로운 노인이었다. 앞이 보이지 않는 에핑에게 포그는 자연과 세상을 다양하게 말로 설명해주며 자신 역시 세상을 새롭게 보게 되었다. 하루는 에핑이 자신이 죽고 나면 포그가 무기력했던 일상으로 다시 돌아갈 거라며 날 선 말을 던졌다.

포그가 예전으로 돌아갈 거라는 말은 일종에 시험이었다. 그런 노인에게 포그는 보란 듯이 살아갈 방법을 찾을 거라 했다. 게다가 죽어가는 에핑을 걱정시키고 싶지 않았다.

포그는 노숙했던 시절의 초라한 모습으로 돌아가지 않기 위해 노력했다. 또한, 자신보다 에핑에게 에너지를 썼다. 에핑이 자신의 이야기에 위안을 얻었기에 최선을 다했다. 허공에 떠도는 먼지조차도 지나치지 않으며 에핑에게 설명했다. 아주 사소한 것까지 놓치지 않고 삶을 붙들었다. 포그는 다시는 상처받고 싶지 않아서, 누군가를 다치게 하고 싶지 않아서 작은 행동 하나도 가볍게 넘기지 않았다. 포그에게 변화는 눈에 보이지 않게 조금씩 쌓여가는 기적이었다.

사람은 원래대로 되돌아가려는 본능이 있다. 자기가 하던 대로 해야 편안함을 느낀다. 나는 원래대로 돌아간다는 게 얼마나 무서운지 안다. 내 마음엔 두 가지가 공존한다. '그래, 네가 그렇지 뭐.'라며 하던 일을 포기하게 부추기거나 '아냐, 넌 다르게 살 수 있어.'하며 살아가려는 마음이다. 두 마음은 매일 나란히 내 안에서 살아 숨 쉰다. 때로는 하나의 마음이 커지면 다른 하나는 조용히 물러나 있기도 하다. 선택이 진심인지 아니면 익숙함에 젖은 나약함인지 나는 종종 헷갈린다. 같은 자리로 돌아가려는 충동을 천천히 달래며 다른 방향으로 가보려 노력할 뿐이다.

때로는 내게 일어난 일이 현실이 맞는지 믿기 힘들 때가 있다. 마치 내가 아닌 누군가의 삶을 구경하는 기분이랄까. 오랜 시간 입원했을 때 병원 침대에 누워 창밖을 종종 바라보았다. 내가 없이도 세상은 아무 일 없듯 돌아가는 게 이상하게 느껴졌다. 내 삶은 멈춰 있는 것 같은데 여전히 세상은 반짝이고 사람들은 잘 사는 것처럼 보였다. 마치 멈춰버린 시긴 속에서도 창밖을 바라보며 나도 아주 미세하게 움직이고 있었다. 세상이 여전히 돌아가듯, 내 마음도 조금씩 방향을 찾고 있었다. 아주 느리지만 조금씩 세상으로 나갈 준비를

하고 있었다. 스스로 느끼지 못할 뿐 상처는 조금씩 천천히 아물고 있었다.

과거에 머물지 않고 현재를 살아가는 사람은 인내를 배운다. 어떤 이의 이야기든 나의 이야기로 만들 수 있다. 내가 아닌 다른 사람의 이야기를 들음으로써 진정한 나를 돌볼 수 있다. 예전의 나약했던 나로 돌아가지 않게 붙들어 준다. 나역시 모든 걸 잃어도 포그처럼 새로운 걸음을 디딜 수 있다. 멋진 걸음을 내딛지 않아도 괜찮다. 지금부터라도 내 삶의 이야기를 시작하면 된다.

어떤 이야기이든 내게 일어난 일은 결국 내 몫으로 감당해야 한다. 다른 누구에게도 일어날 수 있다면, 내게도 얼마든지 일어날 수 있는 일이었다. 삶은 늘 예고 없이 장면을 바꾸고, 미처 준비하지 못한 페이지를 펼쳐 보인다.

내 삶이 위태위태해 보여도 그 안에서 항상 다른 이야기가 펼쳐지고 있다. 때로는 일이 잘 풀리지 않아 마음이 무거워지고 모든 게 내 탓인 것만 같을 때도 있다. 인생이란 완벽해서 아름다운 게 아니라, 흔들리면서도 포기하지 않기에 아름다운 것이다.

한 줄 한 줄 써 내려가는 나의 이야기가 언젠가는 인생의 한 페이지로 이어질 거라 믿는다.

너는 나에게, 나는 너에게

　모든 만남에 반드시 이유가 있는 건 아니다. 가족, 친구, 연인, 혹은 그 어떤 것에도 특별한 이유를 붙이긴 어렵다. 인연인지 악연인지를 떠나서 나와 맺어진 사람들은 서로에게 무언가를 건넸다.

　책을 읽고 누군가 지나온 인연을 떠올리고 옅은 미소를 지었다면, 그것만으로도 내가 글을 쓴 충분한 이유가 될 것이다. 우리는 종종 인연을 찾고 결말을 찾지만 때로는 설명되지 않은 만남이, 그와 나눈 감정이 더 오래 남는다. 끝내 닿지 못한 마음도, 멀어진 관계도 그 자체로 충분히 의미 있고 괜찮다.

　사람들에게 도움이 되는 글을 쓰고 싶었다. 관계를 잘 맺는 데에 도움이 되고 싶었고, 위로가 되길 바랐다. 그런데 글을 쓰며 오히려 스스로 치유 받았다. 좋은 관계는 나를 아는 데에서 출발한다는 걸 알게 되었기 때문이다.
　나는 생각보다 좋은 사람이 아니라는 것도 알게 되었다. 내 안에도 스스로 싫어하는 무수한 점이 많다. 다른 사람도 마찬가지일 테다. 어디에도 완벽한 사람은 없다. 다만 좋아지려고 노력할 뿐이다. 나를 알게 되니 세상과 사람을 바라보는 시선도 편해졌다. 나와 관계 맺는 것들을 너무 심각하게 고민하지 않기로 했다. 스쳐가는 고민을 붙들고 시간을 허비하지 않고 소중한 존재를 떠올리려 한다.

　오늘을 견디는 힘은 사람들과 나누는 따스함에서 나온다. 진심이 담긴 글을 나누면 더 잘 살아가고 싶은 용기가 생긴다. 그들과 나를 위해 글을 쓸 수 있어서 정말 다행이다.

"제가 여기까지 올 수 있었던 건 가족의 사랑 덕분입니다. 사랑하고 감사합니다. 그리고 항상 곁에 있어 주는 친구들 고마워요. 저를 지지해 주시는 모든 분께 감사합니다. 책 출간을 위해 힘써주신 꿈공장 플러스 이장우 대표님, 송세아 편집장님, 심지연 편집자님께 감사합니다. 귀한 시간 내어 추천사를 써주신 강소라 배우님, 김정난 배우님, 고마움을 잊지 않겠습니다. 제가 그동안 받은 사랑을 기억하고 베풀고 살겠습니다."

참고 문헌

클레어 키건 『맡겨진 소녀』 (다산책방) 2023.04.21.

문경민 『훌훌』 (문학동네) 2022.02.07.

헬렌 맥도널드 『메이블 이야기』 (판미동) 2015.08.24.

이희영 『페인트』 (창비) 2023.11.17.

박완서 『친절한 복희씨』 (문학과 지성사) 2007.10.17.

줄리언 반스 『예감은 틀리지 않는다』 (다산책방) 2012.03.26.

헤르만 헤세 『데미안』 (더스토리) 2017.10.30.

아니 에르노 『다른 딸』 (1984books) 2021.07.02.

도리스 레싱 『다섯째 아이』 (민음사) 1999.06.25.

톨스토이 『안나 까레니나』 (열린책들) 2018.08.30.

쉘 실버스타인 『어디로 갔을까 나의 한쪽은』 (시공주니어) 2000.08.31.

손원평 『아몬드』 (다즐링) 2023.07.14.

샬럿 브론테 『제인에어』 (올유문화사) 2013.06.25.

제인 오스틴 『오만과 편견』 (문예출판사) 2010.12.30.

멜빈 버지스 『빌리 엘리어트』 (프로메테우스출판사) 2012.07.04.

에리히 프롬 『사랑의 기술』 (문예출판사) 2019.09.01.

존 윌리엄스 『스토너』 (알에이치코리아) 2015.01.02.

미하엘 엔데 『모모』 (비룡소) 2024.03.29.

F. 스콧 피츠제럴드 『위대한 개츠비』 (더클래식) 2018.01.30.

패트릭 네스 『몬스터 콜스』 <웅진주니어> 2019.05.17.

히가시노 게이고 『녹나무의 파수꾼』 (소미미디어) 2020.03.17.

그레구아르 들라쿠르 『행복만을 보았다』 (문학테라피) 2015.03.03.

기욤 뮈소 『당신, 거기 있어 줄래요』 (밝은세상) 2022.01.19.

프랜시스 호지슨 버넷 『비밀의 화원』 (보물창고) 2021.08.25.

사이토 다카시 『독서는 절대 나를 배신하지 않는다』 (걷는나무) 2015.06.03.

찰리 맥커시 『소년과 두더지와 여우와 말』 (상상의힘) 2020.04.20.

리처드 바크 『갈매기의 꿈』 (민중출판사) 2003.12.20.

로알드 달 『찰리와 초콜릿 공장』 (시공주니어) 2019.01.25.

헤밍웨이 『노인과 바다』 (시공사) 2012.03.22.

제임스 매슈 배리 『피터팬』 (펭귄클래식코리아) 2008.08.10.

찰스 디킨스 『위대한 유산』 (열린책들) 2014.04.05.

엘리자베스 퀴블러 로스, 데이비드 케슬러 『인생 수업』 (이레) 2006.06.06.

바바라 오코너 『개를 훔치는 완벽한 방법』 (놀) 2012.01.03.

마거릿 렝클 『우리가 작별 인사를 할 때마다』 (올유문화사) 2023.12.25.

파울로 코엘료 『연금술사』 (문학동네) 2018.12.05.

폴 오스터 『달의 궁전』 (열린책들) 2000.03.10.